Viaje al Español

2

VERSIÓN INTERNACIONAL

Libro del alumno

Santillana

Viaje al Español es un curso multimedia creado y producido conjuntamente por Radiotelevisión Española (RTVE) y la Universidad de Salamanca.

En la realización y producción del Curso ha participado el siguiente equipo:

Libros del autodidacto

Equipo de lingüistas de la Universidad de Salamanca:

Dr. Julio Borrego Nieto, Dr. Juan Felipe García Santos, Dr. José Gómez Asencio y Dr. Emilio Prieto de los Mozos, con la colaboración del profesor John Hyde.

Diseño:

Experimenta, S.L.

Maquetación:

Cuaderna S.C.; Jaime Agulló *(logo);* Álvaro García Pelayo *(fotografía de portada);* Departamento de Imagen Fija de los Servicios Informativos de TVE, TURESPAÑA, Cuaderna S.C. *(fotografías interiores);* Kiko Feria, Laura Lombardi, José Luis García Morán *(dibujos).*

Versión internacional del libro

Adaptación para uso en clase de los libros del autodidacto:

Equipo Español-Santillana.

Diseño de portada, composición y maquetación:

Equipo Santillana, Inge y Arved von der Ropp *(fotografía de portada).*

Casetes audio

Radio Nacional de España.
Dirección: Gonzalo Corella *(autodidactos),* Juan José Rubio *(versión internacional).*

Vídeos

Equipo de preparación de la base argumental:

Joaquín Oristrell, Yolanda García Serrano, Juan Luis Iborra.

Realizadores:

José Manuel Escudero (TVE) - *Unidades 1-26;* Julio Sánchez Andrada (TVE) - *Unidades 27-39;* Fernando Mateos (TVE) - *Unidades 40-65.*

Productor ejecutivo:

Íñigo Yrízar (TVE).

Coordinación general

Dr. Víctor García de la Concha (Universidad de Salamanca).

© 1992 de RTVE, Madrid y Universidad de Salamanca
© 1993 de Grupo Santillana de Ediciones, S.A.
Impreso en España
Talleres Gráficos Mateu Cromo, S.A.
Ctra. de Pinto a Fuenlabrada, s/n. Pinto (Madrid)
ISBN: 84-294-3628-6
Depósito legal: M-235-2001

Índice

Índice

Índice

Índice

Índice

Índice

Viaje al Español es el resultado de la colaboración de diversas instituciones del Estado Español: los Ministerios de Asuntos Exteriores y de Cultura, Radiotelevisión Española y la Universidad de Salamanca. El Curso ha sido elaborado bajo los auspicios del Consejo de Europa, que lo ha integrado en su «Proyecto Lenguas Vivas».

OBJETIVOS DEL CURSO

Viaje al Español pretende mostrar y enseñar el uso auténtico de la lengua española en situaciones reales de comunicación, de acuerdo con las actividades que previsiblemente van a llevar a cabo sus usuarios potenciales. El progreso, pues, viene marcado por requisitos comunicativos, y no por la dificultad de las estructuras. El vocabulario se selecciona igualmente al hilo de esos requisitos. El enfoque metodológico es, por tanto, esencialmente funcional en el primer nivel, nocional-funcional en el segundo y nocional en el tercero.

Creados en un primer tiempo para autodidactos y en versión bilingüe, los materiales de **Viaje al Español** se han adaptado para el uso en el aula, con profesor. Esta nueva versión, llamada «internacional» por ser monolingüe, es la que tiene en sus manos. El nivel que se pretende alcanzar al final del Curso en la versión internacional va más allá del que el Consejo de Europa ha definido como «nivel umbral». Permite al estudiante satisfacer no sólo necesidades generales de comunicación, sino también desarrollar destrezas imprescindibles en el mundo en que se mueve, como la lectura, la escritura, la descodificación de imágenes, etc.

La variedad de lengua elegida para el aprendizaje activo es el español tal y como lo hablan las personas cultas, desposeído de toda marca estridente de edad, clase social o ubicación geográfica. No obstante, el hecho de que el Curso haya sido diseñado en España, y concretamente en la Universidad de Salamanca, justifica que las muestras reales de lengua ofrecidas respondan perfectamente a la *norma castellana* culta.

ESTRUCTURA DEL CURSO

El Curso, dividido en tres niveles en esta versión, consta para cada uno de un LIBRO DEL ALUMNO, un CUADERNO DE ACTIVIDADES, dos CASETES AUDIO, dos VÍDEOS (uno en el primer nivel) y un LIBRO DEL PROFESOR.

Cada nivel se estructura en unidades didácticas desarrolladas en cada uno de los soportes. Estos soportes –libro, cuaderno, casetes, vídeo– no se superponen sino que se complementan.

El Libro del alumno

Está estructurado en 13 (primer nivel) o 26 unidades (niveles 2 y 3). Cada unidad está dividida en 2 ó 4 módulos, seguidos de la transcripción de los diálogos del VÍDEO y de un resumen de los contenidos lingüísticos de la unidad. Al principio de cada módulo se enuncia en términos comunicativos lo que se va a aprender (por ejemplo: «presentarse») y se dan los exponentes lingüísticos apropiados. La agrupación de funciones por módulos se hace desde un enfoque situacional para que el alumno tenga sus necesidades lingüísticas básicas cubiertas al enfrentarse a una situación concreta. Esta presentación va acompañada de explicaciones de uso (tramas grises) y de brevísimas notas gramaticales (tramas azules). En estas últimas el alumno encontrará el símbolo (☞) que le remite al apartado correspondiente del *Rincón de la gramática*.

Presentación

A continuación, el alumno encontrará una serie de actividades de dinámica variada acompañadas de estos iconos:

 Actividad oral individual.

 Actividad auditiva (con casete) que requiere una respuesta oral.

 Actividad oral por parejas.

 Actividad auditiva (con casete) que requiere una respuesta escrita.

 Actividad oral en grupo.

 Actividad escrita.

En el nivel 1, el alumno encontrará dos *repasos* (en la Unidad 8 y en la Unidad 13). Estos *repasos* serán tres en los dos niveles siguientes, encontrándose el primero en la primera unidad del libro correspondiente. Este primer *repaso* recoge lo estudiado en el nivel anterior.

Al final del LIBRO, el alumno encontrará: un compendio gramatical titulado *El Rincón de la gramática;* la *transcripción de la* CASETE A, que recoge las actividades audio-orales del LIBRO DEL ALUMNO; un *glosario* clasificado por unidades, donde se recogen las palabras de nueva aparición.

El Cuaderno de actividades

La principal función del CUADERNO DE ACTIVIDADES es la explotación del VÍDEO. Cada unidad sigue la estructura de éste y ofrece actividades y ejercicios de pre y posvisionado. Todas las actividades están precedidas de un icono como en el LIBRO DEL ALUMNO. Sólo hay uno propio del CUADERNO DE ACTIVIDADES:

 Actividad escrita sobre el VÍDEO.

Además de ser un instrumento al servicio del VÍDEO, el CUADERNO DE ACTIVIDADES da información cultural y presta atención al desarrollo de la destreza lectora y a la escritura.

Al final del CUADERNO DE ACTIVIDADES, el alumno encontrará: la *transcripción de la* CASETE B, que recoge las actividades auditivas del CUADERNO DE ACTIVIDADES; el *léxico del* CUADERNO DE ACTIVIDADES (palabras no presentadas en el LIBRO DEL ALUMNO), clasificado por unidades; un *mapa de España* donde están indicados los lugares citados de forma relevante en los materiales y un *mapa de Hispanoamérica.*

Las Casetes audio

La CASETE A recoge los ejercicios del LIBRO. Aunque puede usarse en grupo, ha sido concebida para la ejercitación individual y permite a cada alumno reforzar los aspectos que más le interesen.

La CASETE B contiene las actividades del CUADERNO. Por las características de éstas, es un material idóneo para usar en clase con el profesor.

¡Buen ... Viaje al Español!

14 Usted sí puede pasar

Vamos a empezar un nuevo libro. Quien entra en él ya sabe hacer, en español, cosas importantes: sabe dar datos sobre sí mismo/a y sobre los/las demás, entrar en contacto con la gente y pedirle cosas, interesarse por lo que hacen o por lo que sucede y hablar de las circunstancias de las cosas, como dónde están, cuántas hay o qué precio tienen. Como podrá comprobar a lo largo de la presente unidad, usted ya sabe hacer todo esto, porque lo ha aprendido en el libro anterior.

I

Carmen, Juan, Óscar, David, María... ¿Los recuerdan?

Ésta es Carmen, Carmen Alonso. Es realizadora de televisión. Vive en Madrid con su madre y su hermano. No está casada, pero tiene novio. ¿Cuántos años tiene? No lo sabemos; pero pocos...

Y éste es Juan Serrano Ribera, Juan. Es profesor y está haciendo con Carmen un programa de televisión: «Conocer España». Ahora vive también en Madrid, pero es de un pueblo de los Pirineos, en el norte de España. Allí vive todavía su familia: sus padres, su abuela, sus tíos, sus primos... Tiene 35 años y está soltero. Ah, y no tiene novia.

Éstos son María, Óscar y David. María es la madre de Carmen y está viuda. El de la izquierda es Óscar, el novio de Carmen, y el niño, David, es su hermano. Hermano de Carmen, claro, no de Óscar.

Y yo soy...

...Luis, Luis Cánovas.

14. Usted sí puede pasar

¿RECUERDAS?

Así se informa sobre uno/a mismo/a y sobre los/las demás:

Soy Luis Cánovas.

Tengo 36 años.

Ésa es Carmen.

El niño rubio es su hermano.

Se llama David.

El de la izquierda es Óscar.

Viven en Madrid.

El teléfono de Carmen es el
2 07 32 65.

Son españoles.

Juan es de un pueblo de los
Pirineos.

Es profesor.

María tiene dos hijos, un
hijo y una hija.

No están casados.

Y así se pide información:

¿Es usted Luis Cánovas?

¿Quién es el hermano de
Carmen?

¿Cómo se llama?

¿Dónde vive?

¿Qué teléfono tiene?

¿De dónde es Juan?

¿Qué es Juan?

¿Cuántos años tiene?

¿Cuántos hijos tiene María?

1. Prepara una ficha como ésta con tus datos. Él/La profesor/a recoge las fichas de todos/as los/las alumnos/as y las reparte al azar. Cada alumno/a cuenta quién es el/la de la ficha.

NOMBRE Y APELLIDOS: *Adela Rincón Martínez*

NACIONALIDAD: *Española*

DIRECCIÓN: *Plaza de la Constitución, 5, 6º B. (Zamora)*

TELÉFONO: *52.93.18*

EDAD: *30*

PROFESIÓN: *Directora de Banco*

ESTADO CIVIL: *Soltera*

MODELO: La mujer de la foto se llama Adela Rincón Martínez. Es española y vive en Zamora, en la plaza de la Constitución. Su teléfono es el 52 93 18. Tiene 30 años y es directora de banco. No está casada.

II

LUIS: **Hola. Buenos días.**

RECEPCIONISTA: **Buenos días. ¿Qué desea?**

LUIS: **Una habitación individual.**

RECEPCIONISTA: **Un momento, por favor. ¿Con baño?**

LUIS: **Sí, sí, con baño completo, por favor.**

RECEPCIONISTA: **Muy bien. Habitación número 48. ¿Su nombre?**

LUIS: **Luis Cánovas.**

RECEPCIONISTA: **Señor Cánovas. ¿Cómo se escribe, con be o con uve?**

LUIS: **Con uve.**

RECEPCIONISTA: **¿Me da su carné, por favor?**

LUIS: **¿Dónde está mi carné? Ah, aquí está.**

RECEPCIONISTA: **Gracias.**

14. Usted sí puede pasar

¿RECUERDAS?

Esto es lo que sabes hacer ya para relacionarte con los/las demás:

– Saludar, despedirte, llamar la atención, disculparte:

Hola.   Buenos días.

Adiós.   Hasta luego.

Oiga, por favor.   Perdón.

– Pedir cosas y dar las gracias:

Una habitación individual.   Déme un kilo de fresas.

Póngame un café, por favor.   Quería una camisa.

¿Me da su carné, por favor?   Gracias.

– Pedir aclaraciones:

¿Cómo dice?   ¿Cómo se escribe?

Lo siento, no hablo alemán.   ¿Qué es un zumo tropical?

¿Puede hablar más despacio, por favor?

2. Mira estos dibujos. ¿Qué se hace en cada uno?

1. Disculparse.
2. Pedir aclaraciones.
3. Saludar.
4. Pedir algo.

a

b

c

d

e

14. Usted sí puede pasar

3. Mira los dibujos, escucha y habla en lugar de Margarita.

UN DÍA EN LA VIDA DE MARGARITA

MAÑANA

TARDE

NOCHE

14. Usta sí puede pasar

En la relación con los/las demás tratará de que hagan o no hagan cosas mediante consejos, recomendaciones, ruegos, advertencias, sugerencias, invitaciones... Recuerde cómo lo hacíamos Luis, Carmen, Juan y yo mismo:

¿RECUERDAS?

Así puedes influir en la conducta de los/las demás:

– con ruegos, consejos, peticiones, órdenes...:

  No compres ese libro.
  Venid conmigo.
  ¿Vienen ustedes conmigo?
  Espere ahí, por favor.
  No entres, por favor.

– dando o pidiendo permiso:

  ¿Se puede aparcar aquí?
  Usted sí puede pasar.

– mediante propuestas o invitaciones:

  ¿Bailamos?
  ¿Queréis una copa?
  Te invito a un café.

4. Mira las seis fotos anteriores y di qué palabra, o palabras, corresponde a cada una.

1. Consejo. 3. Invitación. 5. Prohibición.
2. Sugerencia. 4. Orden.

5. Relaciona cada imagen con la frase adecuada.

 1 2 3 4 5 6 7

a No se puede aparcar. | b No entre por aquí. | c Pare y mire. | d No hable. | e No venga con su perro. | f Puede meter monedas de 25 pesetas. | g Aquí puede beber.

14. Usted sí puede pasar

¿RECUERDAS?

Así puedes hablar de lo que están haciendo las personas:

— ¿Qué están haciendo?

— Están viendo el programa de Carmen.

Y así de lo que sucede o va a suceder:

— ¿Qué pasa?

— Que no tenemos los vídeos.

Carmen y Juan van a presentar el programa.

¿Qué está haciendo Carmen?
¿Qué pasa?

PALACIO DE EXPOSICIONES Y CONGRESOS

Presentación del programa "Conocer España"
Sábado, 28, 10:45.

Presentation of "Conocer España".
Saturday, 28, 10.45.

¿Qué pasa? Que hoy es sábado, 28, y Carmen y Juan van a presentar su programa "Conocer España".

Llega Juan con los vídeos, los coge Diego, los ven y... Oh, Juan, ¿qué es esto?
¡Esto no es "Conocer España"!

¡Necesitan los otros vídeos, los buenos! ¡Corre, Carmen, corre! ¡La gente está esperando!

6. Mira las viñetas y ordena el texto.

Entra con mucho cuidado, llega a la puerta del cuarto de estar y la abre. Están bailando, fumando, bebiendo, comiendo... Pero dentro todos los chicos y chicas están leyendo o viendo la televisión. Un señor llega a casa y ve, por la ventana, a sus hijos con algunos amigos.

1

2

3

4

5

6

7. Don Pedro tiene en la mano un bolígrafo. ¿Qué va a hacer?

Va a escribir.

¿Y qué va a hacer ahora?

1. Tiene una cuchara.
2. Tiene un periódico.
3. Tiene la llave de su casa.
4. Tiene un vaso de agua.
5. Tiene un billete para Roma.

● ●

¿Recuerdan este tren? No sabemos de dónde viene, pero sí a dónde va: va a Madrid.

En uno de los coches de ese tren está el compartimento número 4, y, al lado, el número 5.

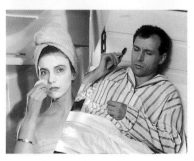

Son las ocho y media de la mañana. En el compartimento número 4 hay un hombre, y en el de al lado, en el número 5, una mujer. Ella es Carmen, pero Juan no lo sabe todavía.

14. Usted sí puede pasar

En estas circunstancias se conocen Carmen y Juan y empieza el "Viaje al Español". Hablar de las circunstancias de las cosas, de las personas y de las situaciones no es algo desconocido para usted.

¿RECUERDAS?

Puedes hablar de

– la procedencia, el destino o la ubicación:

Ese autobús viene de Valencia.

Mis padres son de Cáceres.

Vamos a Portugal.

El periódico está en el cuarto de estar.

– las cosas que hay en un lugar:

¿Qué hay en el frigorífico?   Hay un garaje en la otra calle.

– la cantidad o el precio:

Traigo 4 kilos de naranjas.

¿Cuánto cuestan estos pantalones?

– la hora y la fecha:

Son las cinco de la tarde.   Hoy es miércoles.

8. Escucha el diálogo, complétalo, y luego represéntalo con un/a compañero/a.

POLICÍA: ¿Algo que declarar, señora?

SEÑORA: No, no, …

POLICÍA: ¿Esa maleta es suya?

SEÑORA: ¿Ésta? Sí, sí, es …

POLICÍA: …, por favor.

SEÑORA: … … nada. Sólo ropa y algunos regalos.

POLICÍA: ¿Ese paquete es un …?

SEÑORA: Sí, sí, una radio pequeña para mi … . Mire. Y esto es un reloj, y … esa caja hay colonia. ¿… abro?

POLICÍA: No, no. Está bien. … pasar.

POLICÍA: ¡Un momento, por favor, …!

SEÑORA: … .

POLICÍA: Tiene usted un abrigo muy … . Pero es un poco caro, ¿no? Venga …, por favor.

14. Usted sí puede pasar

TRANSCRIPCIÓN DE LOS DIÁLOGOS DEL VÍDEO

Presentación

PRESENTADOR: ¿Qué tal? Hoy es un día especial. Vamos a repasar las trece primeras unidades.
—Yo soy Luis Cánovas. Y éstos son Carmen Alonso y Juan Serrano. ¿Recuerdan?

JUAN: Perdón... Perdón…
—Perdón, yo...
—Yo soy Juan Serrano. Encantado.
VOZ DE LUIS: Carmen y Juan van a Madrid. Se conocen en el tren... Bueno, se conocen...
Van a trabajar juntos en Madrid, pero ellos no lo saben.

JUAN: Hola. Yo soy Juan Serrano. Encantado.
CARMEN: ¿Qué tal? Yo soy Carmen Alonso.

JUAN: ¿Se puede?
DIEGO: Adelante.

VOZ DE LUIS: Juan es profesor en la Universidad y Carmen trabaja en televisión.
Llegan a la oficina de Diego, su jefe. Éste los va a presentar, pero... ya no es necesario, ¿verdad?

DIEGO: ¿Y el profesor?
SECRETARIA: Está en el... Aquí está el profesor.
DIEGO: Ésta es...
JUAN: Carmen Alonso.
DIEGO: Y éste es...
CARMEN: ¡Juan Serrano!

CARMEN: ¡No!
JUAN: Un momento.

VOZ DE LUIS: Carmen y Juan están haciendo un programa sobre España.
¿Recuerdan? Visitan Sóller, en Mallorca. Tienen una avería en el coche y Juan va a buscar el mecánico.

MOTORISTA: Cuidado, ¿eh?
JUAN: ¡Valeeee!
CARMEN: Vale.

VOZ DE LUIS: Pero ¿qué pasa? Está en un maratón, corre detrás del mecánico,...
¡Y gana la carrera! ¡Muy bien, Juan!

ANDRÉS: *Conocer España*. Tres, uno, uno.
CARMEN: Un momento.

VOZ DE LUIS: Ahora Carmen y Juan, con su programa, que se llama *Conocer España*, están en el Palacio de Aranjuez. El guitarrista tiene un accidente..., no puede trabajar... ¿Qué hacer? Bueno, no importa. Juan también sabe tocar la guitarra. ¡Mírenlo!

TODOS: Cumpleaños feliz, cumpleaños feliz...

VOZ DE LUIS: Bueno, no todo es trabajar. También son buenas las fiestas. Es el cumpleaños de Diego, pero el señor Irízar no lo sabe.

JEFE: ¿Qué?, ¿celebramos el cumpleaños de Diego?
TODOS: ¿Quéééé?

VOZ DE LUIS: ¿O sí lo sabe? Sí, sí lo sabe: trae un regalo para Diego.
¡Vaya! ¡Otro oso! Pero es más pequeño. ¿Lo ven?

JUAN: Mira, Carmen.
CARMEN: ¿Quién es ése?
JUAN: Es un rey de la Alhambra.
CARMEN: ¿Cómo se llama?
JUAN: Yúsuf. Y éste es su hijo. Muhammad.
GUÍA: Buenos días. ¿Es usted el profesor Serrano?
JUAN: Sí, sí. Soy yo.
GUÍA: Yo soy su guía.
CARMEN: Huy, ¿ya son las cuatro?
JUAN: Mi compañera, Carmen Alonso.
CARMEN: Encantada.
GUÍA: ¿Qué tal? ¿Es usted profesora también?
CARMEN: No, no, soy de televisión.
GUÍA: Bueno, ¿empezamos la visita?
JUAN: Sí, sí, vamos.
GUÍA: ¿Tiene usted máquina de fotos?
CARMEN: Sí, tengo una en el bolso.
GUÍA: Va a necesitarla.

VOZ DE LUIS: Bonita la Alhambra, ¿verdad? y misteriosa. ¿Recuerdan la historia de Yúsuf y de Yasmina? ¿Y al guía? Sí, Granada tiene algo especial. ¿Verdad Carmen? ¿Verdad Juan?

GUÍA: La Alhambra es como mi casa.

VOZ DE LUIS: Sí, la Alhambra es misteriosa. Pero volvamos al presente, ¿de acuerdo?

14. Usted sí puede pasar

Telecomedia

CARMEN: Buenos días. Soy Carmen Alonso.

LOLA: Hola, Carmen, soy Lola, y ésta, mi compañera Laura.

CARMEN: Encantada. ¿Dónde está Juan?

LOLA: ¿Juan Serrano? ¿El profesor?

CARMEN: Sí, sí. ¡Juan! ¡Juan!

JUAN: ¿Qué hora es?

CARMEN: Las diez y media.

JUAN: ¿Cuánto es?

TAXISTA: Trescientas cincuenta. No tengo cambio.

JUAN: ¿Me das trescientas cincuenta pesetas?

CARMEN: No tengo dinero aquí. ¿Tenéis trescientas cincuenta pesetas?

SEÑOR EXTRANJERO: ¿El programa *Conocer España*?

LOLA: Primera planta. Bienvenido.

SEÑOR EXTRANJERO: Gracias.

CARMEN: ¿Y los vídeos?

JUAN: Aquí.

CARMEN: ¿En esa bolsa?

JUAN: Sí, aquí. Mira.

DIEGO: ¡Carmen!, ¡Carmen! Son las once menos veinte. ¡Los vídeos!

CARMEN: Aquí están.

DIEGO: Trae, dámelos. Vamos.

TAXISTA: ¡Oiga!, ¡oiga!, ¡mi dinero!

JUAN: Espere un momento, por favor.

TAXISTA: ¿Hay algún banco cerca?

SEÑOR RARO: ¿*Conocer España*?

LOLA: Huy, usted no puede pasar.

SEÑOR RARO: ¿Qué día es hoy?

LOLA: Veintiocho.

SEÑOR RARO: Sábado, ¿no?

LOLA: Sí.

SEÑOR RARO: Y son las once menos cuarto.

LOLA: Sí, sí.

SEÑOR RARO: Sábado veintiocho: once menos cuarto de la mañana... *Conocer España*. Sí puedo pasar.

LAURA: Pregúntale el nombre.

LOLA: ¿Quién es usted?

SEÑOR RARO: Miren...

LOLA: ''Profesor García Prieto''.

LAURA: Huy, perdone usted.

LOLA: Lo sentimos muchísimo. Pase, pase usted.

ANDRÉS GÓMEZ: Hola, soy Andrés Gómez.

INVITADA: Encantada.

VOZ DE DIEGO: ¿Quééé?

CARMEN: ¿Qué es esto?

JUAN: Una equivocación.

DIEGO: ¡No!

CARMEN: ¡Juan!

SEÑOR RARO: ¡Juan! ¿Qué tal?

JUAN: Un momento.

DIEGO: Tranquilo.

CARMEN: Enseguida volvemos.

CARMEN: Deprisa, deprisa, a la torre Picasso.

TAXISTA: ¿Y esto?

CARMEN: No se preocupe, yo lo pago después todo.

TAXISTA: Son seiscientas cincuenta pesetas, de momento.

CARMEN: Vale, vale. Vámonos. Deprisa, por favor. ¡Espere! ¡Pare!

TAXISTA: ¿Qué pasa ahora?

CARMEN: Nada, nada. Siga.

LOLA: ¡El zapato!

CARMEN: ¡Oh! ¡El zapato! ¿Qué hago?

TAXISTA: Eh, oiga. ¡No!

CARMEN: ¿Dónde está Promovídeo, por favor?

POLICÍA MUNICIPAL: En el Centro Comercial, tercera planta. Mire.

CARMEN: Gracias.

TAXISTA: ¡Oh, no!

POLICÍA MUNICIPAL: No puede aparcar usted aquí.

TAXISTA: Mire. Mis zapatillas.

DIEGO: ¿Qué hacemos?

JUAN: ¡Espera! ¡No entres!

CARMEN: ¡Juan! ¡Aquí están!

JUAN: Y esas zapatillas, ¿Son tuyas?

CARMEN: Toma.

LOLA: ¡No puede pasar!

TAXISTA: ¡Mi dinero, mis zapatillas!

PRESENTADOR: Bueno, por fin están viendo *Conocer España*.

LOLA: ¡Shhhhhhhhh!

PRESENTADOR: Perdón. Hasta el próximo programa.

Al final de esta unidad habrás aprendido a hacer y pedir recomendaciones, a hablar de la calidad de las cosas, a preguntar dónde venden algo, a ceder la vez, a pedir ayuda, etc.

I

— **¿Qué tal son las uvas?**

Así se pregunta por la calidad de algo.

— **Muy buenas.**

Y así se puede responder.

Para preguntar por la calidad de las cosas se usa ¿Qué tal es?/¿Qué tal son? También se puede aplicar a las personas.

Se responde a esa pregunta con una palabra valorativa (bueno/a, amable,...):

— ¿Qué tal es este restaurante?

— Bueno, pero muy caro.

— ¿Qué tal son los camareros?

— Muy amables.

1. Vas a hacer un viaje por España. Pregunta a tus compañeros/as qué tal son estas cosas:

1. las carreteras	5. la gente
2. el vino	6. la fruta
3. los hoteles	7. el queso
4. la carne	8. los restaurantes

15. ¿Qué tal es tu amigo?

II

RECUERDA:

IR imperativo:

ve   no vayas

IRSE imperativo:

vete   no te vayas

☞ 6.8

— ¿Qué restaurante me recomienda?

— El Madrileño.

Así se pide que le aconsejen a uno/a un establecimiento o un producto.

Y así se puede contestar.

Para pedir que te recomienden algo, se usa qué seguido del nombre, la palabra me y la forma adecuada de recomendar o aconsejar. Cuando no se dice el nombre, porque ya se ha mencionado, no se usa qué sino cuál:

¿Qué carnicería me recomienda usted?

¿Qué carretera me aconsejas?

En este pueblo hay dos o tres restaurantes. ¿Cuál me recomiendas?

La respuesta puede ir precedida o no de un verbo como ir, comprar, probar,... en imperativo, (vaya, compra, prueba, etc.) y, naturalmente, puede ser más amplia e incluir una valoración:

— ¿Qué peluquería me recomienda?

— Vaya a La Moderna./La Moderna. Es muy buena y está muy cerca./No vaya a La Europea. Es muy cara.

2. Escucha y contesta eligiendo en la lista el nombre de los establecimientos por los que se pregunta. Recuerda que puedes usar las formas: ve, vete, id, vaya, vayan.

carnicería	frutería	pastelería	pescadería
librería	panadería	peluquería	zapatería

3. Con las palabras del ejercicio anterior y éstas, haz dos listas: a) establecimientos de alimentación; b) varios.

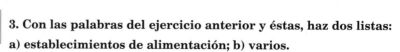

banco	estanco	quiosco
correos	supermercado	tienda de alimentación

15. ¿Qué tal es tu amigo?

III

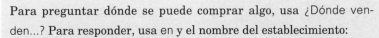

— **¿Dónde venden sellos?**

Así se pregunta dónde se puede comprar algo.

— **En los estancos.**

Y así se contesta.

Para preguntar dónde se puede comprar algo, usa ¿Dónde venden...? Para responder, usa en y el nombre del establecimiento:

    — ¿Dónde venden periódicos?   — En los quioscos.

Si estás ya dentro de una tienda, preguntarás así:

    ¿Venden ustedes pilas?   ¿Venden aquí sellos?

4. Preguntas en distintas tiendas si venden estos productos: 1. sobres; 2. postales; 3. periódicos. Ante la respuesta negativa, pregunta dónde los venden, y la misma persona te lo indicará.

    MODELO: Tú: ¿Venden ustedes sobres?
                Casete: No, no, lo siento.
                Tú: ¿Y dónde los venden, por favor?
                Casete: En las librerías.
                Tú: Ah, muchas gracias.

RECUERDA:

tabaco: ¿dónde **lo** venden?
fruta: ¿dónde **la** venden?
sellos: ¿dónde **los** venden?
pilas: ¿dónde **las** venden?

☞ 2

●●●●●●●●●●●●●●●●●●●●●●●●●●●●●●●●

IV

¿Le atienden ya?

Así te preguntarán en las tiendas si te están atendiendo.

Voy enseguida./Ya voy.

Así te dirán que te van a atender.

¿Puede ayudarme, por favor?
Échame una mano, por favor.

Y así se pide ayuda.

Pida, pida usted.
Cójalo, cójalo usted.

Así se cede el turno, un objeto, etc.

En una tienda se pueden dirigir a ti así, y así puedes contestar:

    — ¿Qué desea?   — Estoy mirando, gracias.
    — ¿Le atienden ya?   — Sí, gracias.
    — ¿La atienden ya?   — No, todavía no.

Si reclamas la atención del/de la empleado/a y éste/a no puede atender tu llamada en ese preciso instante, te contestará:

    Voy enseguida./Ya voy./Voy, voy.

Si necesitas ayuda, pídela así:

FORMAL	INFORMAL
¿Puede ayudarme, por favor?	¿Me echas una mano?
Ayúdeme, por favor.	Échame una mano.

RECUERDA:

Imperativo   ☞ 6.8

15. ¿Qué tal es tu amigo?

Así se cede a otra persona:

– el paso: Pase, pase. Usted primero.

– la vez para comprar: Pida, pida usted.

– el asiento: Siéntese usted.

– un objeto cualquiera: Cójalo, cójalo usted./Cójala usted.

5. Cada una de estas frases se ajusta a una de las situaciones que se describen; di la apropiada en cada caso.

1. Siéntese, siéntese usted.
2. Cójalo usted, cójalo usted.
3. Léelo, léelo tú primero.
4. Pase usted, pase usted.

a) Vas en un autobús; te levantas para ceder el asiento a un anciano.

b) Al entrar en una exposición vas a coger un folleto, pero otra mano intenta hacer lo mismo en ese momento. Cede la prioridad.

c) Al entrar en un edificio chocas con otra persona. Cédele el paso.

d) Estás en una cafetería y quieres leer el periódico, pero tu amigo ha pensado lo mismo. Cédele el derecho a leerlo él primero.

RECUERDA:

cója**lo** (**el** periódico)
cója**la** (**la** revista)
cója**los** (**los** periódicos)
cója**las** (**las** revistas) ☞ 2

6. Escucha el diálogo, complétalo y luego represéntalo con tus compañeros/as.

ANTONIO: Oye, Pepe, ¿... ... tablas de surfing?

PEPE: ¿Tablas de surfing?

ANTONIO: Sí, sí, tablas de surfing. ¿... las ...?

PEPE: Pues en una tienda de la calle Mayor. Y...

ANTONIO: ¿Cómo ... ...?

PEPE: No sé. Está ... ... un bar.

ANTONIO: Ah, sí, ya sé. Voy ... ... una.

PEPE: ¿...? ¡Antonio!

ANCIANA: ..., ... tú, hijo. Tú eres más...

DEPENDIENTE: ¿Le ... ya?

ANTONIO: No, no. ... una... Bueno, esta señora...

ANCIANA: No, no, hijo. ..., ... tú. Yo estoy ... .

ANTONIO: ... una tabla de surfing. ¿Cuánto ... ésa?

DEPENDIENTE: ... . Ésta... 50.000 pesetas. Pero las ... más baratas. Mire, aquélla ... cuesta 40.000.

ANTONIO: Sí. ¿Y ... tal ...?

DEPENDIENTE: ... buena ... . Son las dos muy ... .Pase por ..., por favor.

DEPENDIENTE: Adiós. Muchas ... . Hasta pronto.

PEPE: Sí, ¿... es?

ANTONIO: ¿Me ... a subir la tabla?

PEPE: ¿Cómo? Voy ... .

15. ¿Qué tal es tu amigo?

TRANSCRIPCIÓN DE LOS DIÁLOGOS DEL VÍDEO

PRIMERA PARTE

Presentación

PRESENTADOR: Hola. Estamos en Madrid, en la Plaza Mayor.
DIBUJANTE: Quieto…
PRESENTADOR: Sí, sí, perdón.
CHICA: Por favor, ¿dónde venden sellos?
PRESENTADOR: Allí, en el estanco. En los estancos venden sellos, ¿no?
DIBUJANTE: ¡Por favor!
PRESENTADOR: Perdón.
PINTOR: ¿Puedes ayudarme, por favor?
PRESENTADOR: Yo le ayudo. Voy en seguida.
DIBUJANTE: No, usted no. Gracias.
PRESENTADOR: Un momento. ¿Qué restaurante me recomienda?
DIBUJANTE: Éste. Éste es muy bueno.
PRESENTADOR: "Restaurante Murillo". Murillo. Y ustedes, ¿me lo recomiendan?

Telecomedia

MARÍA: ¿Puedes ayudarme, por favor? Carmen, hija, ¿me echas una mano? ¿Me ayudas a llevar esto?
CARMEN: Ya voy, ya voy.
HÉCTOR: ¿Qué queso me recomiendas?
JUAN: Compra ése. Es un manchego estupendo. Riquísimo.
CARMEN: Perdón.
SEÑORA: Tomen.
CHICA: Gracias. ¿Me echas una mano, por favor?
CARMEN: Sí, sí.
CHICA: Gracias. Oye, ¿dónde venden maíz?, ¿sabes?
CARMEN: En la tienda de ultramarinos, creo.
CHICA: Gracias ¡Vivaldi!
CHICO: Un momento, por favor.
CARMEN: ¡Oiga! ¡Oiga!

SEGUNDA PARTE

Presentación

FRUTERA: ¿Le atienden ya?
PRESENTADOR: No, no, todavía no. ¿Qué tal son estas uvas?
FRUTERA: Muy buenas. Pruebe.
PRESENTADOR: Gracias.
SEÑORA: Oiga, déme… ¡Oh!, perdón.
PRESENTADOR: Pida, pida usted. Y usted también, pida, pida.
SEÑORA: Déme un kilo de uvas. ¿Qué tal son?
PRESENTADOR: Muy buenas. Coja, coja.
FRUTERA: ¡Por favor!
PRESENTADOR: ¡Ah!, perdón.

Telecomedia

HÉCTOR: Oye, Juan, ¿en el mercado venden pan?
JUAN: Sí, sí. En el mercado venden de todo.
CHICA: ¡Vivaldi! ¡Vivaldi!
CHICO: ¿Puede ayudarme, por favor?
JUAN: ¡Héctor!
FRUTERA: Voy enseguida, doña María.
MARÍA: ¿Qué tal son las naranjas?

FRUTERA: Muy buenas.
MARÍA: ¿Dónde venden eso?
HÉCTOR: ¿Qué tal son las naranjas?
MARÍA: Huy, riquísimas. Mire, mire.
HÉCTOR: ¡Claro!, es normal; las naranjas españolas siempre son muy buenas.
MARÍA: ¿De dónde es usted?
HÉCTOR: De Guadalajara.
MARÍA: ¡Qué casualidad! Esta tarde voy a ir yo a Guadalajara.
HÉCTOR: ¡Ah!, pero yo soy de Guadalajara, México.
JUAN: ¡Héctor!
CARMEN: ¡Juan!
JUAN: ¡Carmen!
HÉCTOR: ¿Qué pescado me recomienda?
MARÍA: Ése. Es muy bueno.
PESCADERO: ¿Les atienden ya?
CLIENTA: Pidan, pidan.
MARÍA: Pida, pida usted.
HÉCTOR: ¿Qué tal es Guadalajara?
MARÍA: ¿No la conoce? ¿Qué va a hacer usted esta tarde?
HÉCTOR: Nada; nada especial.
MARÍA: Pues véngase conmigo a Guadalajara.
CHICO: Perdón.
JUAN: El violín.
CARMEN: El violonchelo.
CHICA: Gracias, muchas gracias.
CHICOS: ¡Vivaldi!
MARÍA: Hasta pronto, Carmen.
HÉCTOR: Adiós.
JUAN: Adiós.
CARMEN: ¿Qué tal es tu amigo?
JUAN: Muy simpático.
PRESENTADOR: Hasta pronto.

15. ¿Qué tal es tu amigo?

● **AHORA YA PUEDES...**

preguntar por la calidad de algo y contestar:	— ¿Qué tal son estas uvas? — Son muy buenas.
pedir que te aconsejen algo y contestar:	— ¿Qué restaurante me recomienda? — El Madrileño. — ¿Cuál me aconsejas? — Ve a La Moderna.
preguntar dónde se puede comprar algo y responder:	— ¿Dónde venden sellos? — En los estancos.
preguntar en una tienda si venden algo concreto:	¿Venden ustedes pilas?
responder a la pregunta de un/a dependiente/a:	— ¿Le atienden ya? — Sí, gracias./No, todavía no.
ceder algo a otra persona:	Pida, pida usted. Cójalo. Léelo tú, léelo tú.
prometer una atención inmediata:	Voy enseguida. Voy, voy.
pedir ayuda:	¿Puede ayudarme? Échame una mano, por favor. ¿Me ayudas a subir esto?

Al final de esta unidad serás capaz de hablar de cómo se hacen las cosas, de para qué sirven y de qué lugar ocupan en relación con otras.

I

¿Cómo se abre esto?
¿Cómo se hace la ensalada?

Así se pregunta cómo se hace algo.

Así.
Con tomate y aceite.

Y así se puede responder.

Si quieres saber de qué manera se hace algo o cuáles son las instrucciones para hacerlo, haz la pregunta con ¿cómo se...? y el verbo correspondiente:

— ¿Cómo se hace la ensalada?   — ¿Cómo se abre esta lata?
— Con tomate y aceite.   — Se abre así.

Para dar las instrucciones adecuadas o indicar cómo se hace algo usa se y el verbo correspondiente: **Se** cogen unos tomates y **se** cortan en trozos. **Se** pone un poco de aceite,...

Se corta la carne.
Se cortan las patatas.
Se abre así.   3

 1. Escucha y contesta. Utiliza estas expresiones para responder.

– Con huevos y patatas.   – Con esa llave.
– Con el cuchillo.   – Con una cerilla.

16. Así se compra un árbol

 2. Escucha el programa radiofónico "Cocina española" y rellena los huecos del siguiente texto.

Cocina española

Hoy vamos a hacer una tortilla de patatas. Necesitamos huevos, ..., aceite, cebolla y sal. ¿Cómo ... ... una tortilla? Primero ... pelan las patatas y ... ... en trozos pequeños; ... ... en el aceite y se fríen. Luego, se ... la cebolla también en trozos pequeños; éstos ... ponen en el aceite con las patatas. Después se ... todo de la sartén y ... pone en un plato. En otro plato ... baten los huevos y ... les añade un poco de sal. En este mismo plato se ... las patatas fritas y la cebolla también frita.

Luego, todo esto ... ... en otra sartén con un poquito de aceite y ... fríe a fuego lento.

 3. Ahora explica tú cómo se hace una tortilla española.

● ●

II — **¿Para qué sirve esa tarjeta?** *Así se pregunta por la utilidad de las cosas.*

— **Para sacar dinero.** *Y así se responde.*

Para hablar de la utilidad de una cosa o de sus usos más comunes se emplea servir para + infinitivo:

Los bolígrafos sirven para escribir y para otras cosas.

— ¿Para qué sirve esto?

— Para encender y apagar la televisión.

Esto no sirve para nada.

 4. Un/a compañero/a te va a preguntar para qué sirven estas cosas. Contéstale.

MODELO: 1. A: ¿Para qué sirve el balón?

B: (Sirve) para jugar.

jugar	abrir y cerrar las puertas	encender el fuego
bailar	lavarse la cabeza	hacer películas

1   2   3   4   5   6

III

El perro está dentro.
El perro está a la derecha de la caseta.

Así se dice dónde están las personas o las cosas en relación con otras.

Ya conoces una forma de expresar la localización:

— ¿Dónde están los niños?

— Están en la playa.

Para localizar a las personas o las cosas en relación con otras, usa:

delante - detrás	más a la izquierda/derecha
encima - debajo	más arriba/abajo
dentro - fuera	más adelante/atrás
cerca - lejos	
a la derecha - a la izquierda	

debajo de la mesa
cerca de la catedral
a la derecha de la plaza
encima de la mesa
dentro del cajón

☞ 11.3

5. Mira los dibujos y responde a estas preguntas:

1. ¿Dónde están los coches azules?

2. ¿Los niños están lejos de la casa?

3. ¿El abrigo está debajo de la silla?

4. ¿El autobús está a la derecha de los coches azules?

5. ¿Dónde está el árbol?

6. ¿Dónde está la maleta?

IV **¿Te parece bien?/¿Vale?**

Así se pide aprobación sobre lo que uno/a ha propuesto.

Sí, claro./Bueno.
No, no.
Me da igual.

Y así se contesta.

Para pedir aprobación sobre lo que uno/a opina o propone se usan estas fórmulas:

¿Te/Le/Os/Les parece bien?   ¿No te/le/os/les parece?

¿De acuerdo?   ¿Vale? (coloquial).

Las respuestas a esas preguntas pueden manifestar:

– aceptación: Sí, claro.   Por supuesto.

– aceptación con reservas: Bueno.

– rechazo: No, no.

– indiferencia: Da igual.   Es igual.
      Me da igual.

Con esta última fórmula puedes también manifestar indiferencia cuando te dan a elegir entre dos cosas:

— ¿Quieres té o café?

— Me da igual.

 6. Escucha esta historieta. Luego, represéntala con un/a compañero/a. ¡Cuidado con la entonación!

TRANSCRIPCIÓN DE LOS DIÁLOGOS DEL VÍDEO

PRIMERA PARTE

Presentación

PRESENTADOR: ¿Qué tal? Ah... la Navidad...
ESCAPARATISTA: ¡Luis!, ¡Luis!
PRESENTADOR: ¿Sí?
ESCAPARATISTA: Espera un momento, por favor. Mira el escaparate, ¿vale?
PRESENTADOR: Sí, sí, claro.
ESCAPARATISTA: ¿Está bien aquí?
PRESENTADOR: No, no. Más atrás. Más atrás, ¿verdad? No, no, más a la derecha, ¿no les parece? No, no, más arriba. ¡Ahí! ¡Perfecto! ¿No les parece?

Telecomedia

DAVID: Hola, Juan.
JUAN: Hola, David. Feliz Navidad.
DAVID: Ven, ven.
JUAN: Oye, ¿está tu hermana?
DAVID: ¡No, ven! Mira. Mira. Toma. Tú pones ésas, y yo éstas, ¿vale?
JUAN: Sí, claro, por supuesto. Los Reyes, aquí. ¿Te parece bien?
DAVID: No, más atrás.
JUAN: ¿Aquí?
DAVID: Sí, pero ése va delante.
JUAN: Éste... aquí ¿Vale?
DAVID: No, no, Juan. Arriba.
JUAN: Oye, David.
DAVID: ¿Qué?
JUAN: ¿Dónde está Carmen?

DAVID: Con su novio.
JUAN: ¿Con Óscar?
DAVID: Sí. Mira. Es para Óscar. Un disfraz de Rey Mago.
JUAN: ¿Óscar... de Rey Mago?
DAVID: Es bonito, ¿verdad?
JUAN: Sí, muy bonito.

ÓSCAR: No, no. Ése no.
CARMEN: ¡Óscar!
ÓSCAR: ¿Sí?
CARMEN: Nos llevamos éste. ¿Te parece bien?
ÓSCAR: No, ése es pequeño. ¿Me enseña ese otro?
VENDEDOR VIVERO: Sí, sí, claro... Ahora mismo.
ÓSCAR: No, tampoco. Aquél, el de la izquierda, por favor...
CARMEN: Óscar... Son las cinco. Recuerda, David está en casa, esperando.
ÓSCAR: ¿Cómo?
CARMEN: ¡La fiesta de David!
ÓSCAR: Ah, sí, sí, un momento.

JUAN: ¡David! ¡David!
DAVID: ¿Qué quieres?
JUAN: Espera... No pongas eso ahí. Mejor debajo de la lámpara. ¿No te parece?
DAVID: Bueno... ¿Qué hora es?
JUAN: Las cinco y media. Y tu hermana no viene.
DAVID: Está con Óscar y...
JUAN: Ya...
DAVID: ¡Las cinco y media! ¡La fiesta es a las seis! Oye, Juan...
JUAN: ¿Qué, David?
DAVID: Tú eres mi amigo, ¿verdad?

SEGUNDA PARTE

Presentación

PRESENTADOR: ¿Para qué sirve esto? Oiga, ¿para qué sirve esto?
DEPENDIENTE: Para medir la temperatura de la tierra.
PRESENTADOR: ¿Ah, sí? Ya saben: sirve para medir la temperatura de la tierra. Oiga, ¿cómo se abre esto?
DEPENDIENTE: Espere un momento. Mire, se abre así...
PRESENTADOR: ¿Me da cuatro o cinco?
DEPENDIENTE: Sí, claro. ¿Qué colores?
PRESENTADOR: Me da igual. ¿Y esto? Ya saben para qué sirve.

Telecomedia

DAVID: Juan, ¿cómo se abre esto?
JUAN: Así.
DAVID: Así no, bruto.
JUAN: Mira, se abre así. ¿Dónde está...? Aquí. Con el abrelatas.
DAVID: Oye, Juan, ¿para qué sirve esto?
JUAN: Para hacer zumos. Mira. Bueno, y ahora, la mayonesa.
DAVID: ¿Y cómo se hace la mayonesa?
JUAN: Así, mira. Se abre el frigorífico, se saca esto, se abre así, ¡y ya está!
DAVID: Mmmmm...
JUAN: Muy rica. ¿Y tu hermana?

CARMEN: ¡Óscar! Vamos.
ÓSCAR: Un momento. Oye, Carmen, mira. Ésos son...
CARMEN: ¡No, Óscar, por favor...!
ÓSCAR: Mujer, sólo un momento... Es que son muy bonitos.
CARMEN: A mí me da igual. ¿Entiendes? Me da igual.
ÓSCAR: Sólo es un minuto, mujer... Espérame.
CARMEN: Muy bien. Adiós. Feliz Navidad.
ÓSCAR: ¡Espérame!

16. Así se compra un árbol

DAVID: Las seis menos cinco, y Óscar no llega. ¡Buff! Demasiado grande para mí.
JUAN: ¡David! Vamos a partir el turrón.
DAVID: Vale.
JUAN: No hombre, no. El turrón se parte así. ¡Agggg!
DAVID: Van a venir mis amigos y no tengo Rey Mago.
JUAN: Da igual, hombre.
DAVID: No da igual, no.

JUAN: ¡Feliz Navidad, señorita Carmen! ¿Dónde está su novio Óscar?

CARMEN: Con un árbol.
JUAN: Estamos en Navidad - la Navidad es alegre - pero Carmen está triste - porque su novio no viene.
CARMEN: Mi novio me da igual.
JUAN: ¿Y la Navidad te da igual?
CARMEN: No, la Navidad, no.
JUAN: Feliz Navidad, Carmen.
CARMEN: Feliz Navidad, Juan.

ÓSCAR: ¡Éste!
PRESENTADOR: Feliz Navidad.

AHORA YA PUEDES...

decir cómo se hace algo:	Esta lata se abre así. La ensalada se hace con tomate, aceite y sal.
preguntarlo:	— ¿Cómo se abre esto?
y responder a esa pregunta:	— Así./Con la mano.
indicar la utilidad de las cosas:	Esto sirve para sacar dinero.
preguntarlo:	— ¿Para qué sirve esta tarjeta?
y contestar a esa pregunta:	— Para sacar dinero.
localizar a una persona o cosa en relación con otra:	Los libros están encima de la mesa. — ¿Dónde está la maleta? — Dentro del armario. Más arriba hay una radio. Póngase más allá, por favor.
pedir aprobación para lo opinado o propuesto:	¿Te parece bien? ¿No le parece? ¿De acuerdo? ¿Vale?
contestar manifestando aceptación:	Sí, claro. Por supuesto. Bueno.
rechazo:	No, no.
indiferencia:	Es igual. Da igual. Me da igual.

17 ¿Qué tal el viaje?

Al final de esta unidad sabrás cómo hablar de las costumbres y experiencias de la gente. Serás capaz, además, de hacer comentarios sobre el tiempo y el clima.

I

— **¿Qué tal las vacaciones?**
— **Estupendas.**

Así se habla de cómo ha resultado algo.

Si quieres saber cómo le ha resultado a otra persona un viaje, unas vacaciones, un examen u otro acontecimiento, pregunta con ¿qué tal?:

¿Qué tal las vacaciones?   ¿Qué tal el examen?

Te contestarán con una valoración de ese acontecimiento:

Estupendo./Muy bien.   Regular./Bastante mal.
Bien./Bastante bien.   Mal./Muy mal.

 1. Escucha los tres diálogos; luego da la valoración que se hace en el diálogo de cada acontecimiento.

1. el examen   2. el viaje   3. las vacaciones

 2. Para cada situación propuesta, pregunta a tu compañero/a. Él/Ella te contestará.

1. Tu compañero/a acaba de celebrar una fiesta con sus amigos/as. Interésate por la fiesta.

2. Tú compañero/a se acaba de casar. Interésate por la boda.

3. Tú compañero/a está saliendo de la clase. Tú no has estado.

17. ¿Qué tal el viaje?

II

¿Qué tal hace?
¿Qué tal el tiempo?
¿Hace bueno allí?

Así se pregunta cómo está el tiempo en un lugar.

Hace muy bueno.
Hace mal tiempo.
Está lloviendo.

Y así se puede contestar.

Para informarse del tiempo que hace se usa ¿Qué tal hace?:

    ¿Qué tal hace en Canarias?   ¿Qué tal el tiempo por ahí?

    ¿Qué tiempo hace en Ávila?   ¿Hace bueno por ahí?

    ¿Qué tal tiempo hace en Galicia?

Para informar se emplea la forma impersonal del verbo hacer (hace):

    Hace bueno/malo.   Hace sol/viento.

    Hace buen/mal tiempo.   Hace frío/calor.

    Hace calor.

Y también:

    Llover: Está lloviendo.   Nevar: Está nevando.

Usa la palabra mucho para expresar intensidad. Así:

    Hace mucho frío/viento.   Está lloviendo mucho.

3. Pregunta a tu compañero/a por el tiempo según lo que indica cada dibujo. Usa formas diferentes. Él/Ella te contestará.

1   2   3   4

● ●

III

— **¿Qué haces los domingos?**
— **A veces voy al campo.**

Así se habla de las costumbres de las personas.

Usa el presente para indicar tus costumbres o las de otras personas.

Puedes introducir matices con adverbios (siempre, a veces...):

    Los domingos, **voy** al campo.   **A veces,** los lunes, **hago** deporte.

Utiliza qué seguido del presente del verbo hacer para preguntar por esas costumbres: Y usted, ¿**qué hace** los sábados?

Y en general, ten en cuenta que **el presente** de los verbos se usa para hablar de lo habitual, aunque no sea exactamente una costumbre:

Yo no **fumo**.   **Trabajo** en Barcelona.   ¿Dónde **vive** Julio?

Si quieres hacer una precisión temporal, usa:

– los + fines de semana/lunes/martes/miércoles/jueves/viernes/sábados/domingos.

– por la + mañana/tarde/noche.

Los fines de semana me quedo en casa. Por la mañana siempre leo los periódicos. Por la tarde, a veces, hago deporte. Por la noche salgo a cenar con los amigos.

Usa también el presente para hablar de las características climatológicas normales de un lugar:

En Burgos **nieva** a veces.   **En** primavera **llueve**.

 4. Pregunta a tus compañeros/as qué hacen los domingos.

 5. Escucha y ordena los dibujos numerándolos. Luego, di qué hace Marta normalmente por la mañana, por la tarde y por la noche. Puedes ayudarte con los verbos indicados.

UN DÍA NORMAL DE LA VIDA DE MARTA

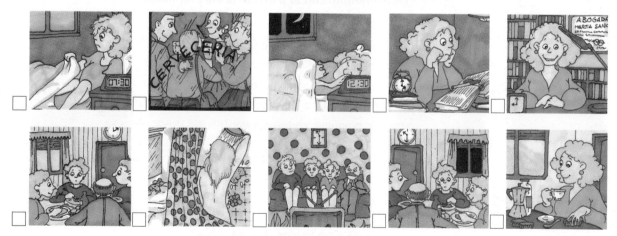

| levantarse | estudiar | dormir | ducharse | cenar |
| comer | trabajar | salir | ver la televisión | desayunar |

 6. Pregunta a tus compañeros/as qué tiempo hace en su ciudad o país.

17. ¿Qué tal el viaje?

IV **¿Por qué no vamos a la playa?**   *Así se propone hacer algo.*

Como ya sabes, una manera sencilla de proponer algo es hacer una pregunta:

¿Vamos a la playa?   ¿Nos quedamos en casa esta noche?

Pero también puedes hacerlo introduciendo la pregunta con ¿por qué no?:

¿Por qué no vamos a la playa?

¿Por qué no nos quedamos en casa?

¿Por qué no vienes con nosotros?

Recuerda que puedes contestar con algo como:

Bueno. De acuerdo. Muy bien. No, gracias. Etc.

7. Van a hacerte propuestas. Si te apetece, acéptalas; si no te apetece, recházalas.

8. Haz las propuestas del ejercicio anterior a tus compañeros/as. Es decir, propónles las cosas siguientes:

1. tomar una copa
2. bailar
3. hacer una paella

4. ir al campo
5. salir

9. Conoces ya varios usos de la expresión ¿qué tal? Relaciona cada ejemplo con el uso que le corresponde.

Se usa para...

a) preguntar el tiempo que hace.

b) saludar.

c) preguntar cómo ha resultado algo.

d) contestar a una presentación.

e) preguntar cómo está algo.

1. Hola, ¿qué tal?

2. — Carlos Figueras.

— Encantada.

— ¿Qué tal?

3. — ¿Qué tal está el pescado hoy?

— Muy bueno.

4. — ¿Qué tal el viaje?

— Muy bien. Sin problemas.

5. — ¿Qué tal hace ahí, en Barcelona?

— ¡Horrible! Está lloviendo.

17. ¿Qué tal el viaje?

 TRANSCRIPCIÓN DE LOS DIÁLOGOS DEL VÍDEO

PRIMERA PARTE

Presentación

PRESENTADOR: Hola. Hace frío, ¿verdad? ¿Qué hacemos? ¡Ya sé! ¿Por qué no vamos a Canarias? ¿Sí? Pues venga, vamos a Canarias.

Bueno, ya estamos en Canarias. ¿Qué tal el viaje? Rápido, ¿no? ¿Ven?, hace un tiempo estupendo. Vamos a conocer las islas.

Telecomedia

JUAN: Vamos, vamos.
DAVID: Hola, Juan.
JUAN: Pero, ¿qué haces tú aquí?
CARMEN: David viene con nosotros.
JUAN: ¿Qué? ¿Que viene con nosotros?
CARMEN: David... Toma, compra un periódico en el quiosco. ¡Qué frío hace ahí fuera!
JUAN: Sí, sí, mucho frío... Oye, David no viene con nosotros, ¿verdad?
CARMEN: Que sí, que sí. Mi madre no está en Madrid y no puedo dejarlo solo. Lo siento mucho.
JUAN: Carmen, éste es un viaje de trabajo. De trabajo.

DAVID: ¡Juan, mira! En Canarias hace sol y calor en invierno.
JUAN: Sí, hombre, sí. En Canarias siempre hace bueno. Muy bueno.
DAVID: Juan, vamos a montar en camello, ¿verdad?

CARMEN: ¿Qué tal el paseo?
JUAN: ¡Ay! Fatal.
CARMEN: Hace un tiempo estupendo.
DAVID: ¡Juan, venga, vamos a ver los barcos!
JUAN: Tenemos trabajo, y con David...
CARMEN: Es un niño.
JUAN: Y tú una mujer, y yo un hombre. Y tenemos trabajo.
CARMEN: ¿Por qué no tomas el sol, paseas, te diviertes...? Tenemos muchos días.
JUAN: Sí, con David.
DAVID: Juan, ¿por qué no echamos una carrera?
JUAN: Eso es: ¡una carrera!
CARMEN: ¿Qué?
JUAN: Correr, saltar, jugar...
CARMEN: ¿Y?
JUAN: Y, esta noche, David... Y mañana, todo el día en la cama, y nosotros... a trabajar. Venga, vamos a echar esa carrera.

SEGUNDA PARTE

Presentación

PRESENTADOR: ¿Está ocupado?
SEÑORITA: No, no... ¡Luis!
PRESENTADOR: ¡Ana! ¿Qué haces tú en Canarias?
SEÑORITA: Trabajo aquí. En este hotel.
PRESENTADOR: ¿Ah, sí? Vaya, vaya... Trabaja aquí. Salud.
SEÑORITA: Salud.
PRESENTADOR: Oye, ¿los fines de semana también trabajas?
SEÑORITA: Sí.
PRESENTADOR: Vaya, hombre.
SEÑORITA: Pero los jueves, no.
PRESENTADOR: Un momento, por favor. Oiga, quiero hacer dos reservas para una excursión. A nombre de Luis Cánovas. Dos..., quiero hacer dos reservas.

Telecomedia

CARMEN: Hola, buenas tardes. Soy Carmen Alonso. Tengo una reserva a mi nombre.
RECEPCIONISTA: Un momento, por favor. Sí, aquí está. Son dos habitaciones, ¿no?
CARMEN: Sí, una doble y una individual.

RECEPCIONISTA: Exacto. ¿Qué tal el viaje, bien?
CARMEN: Muy bien.
RECEPCIONISTA: ¿Traen equipaje?
CARMEN: Sí. Está en el coche.
DAVID: ¡Qué viaje! ¡Y qué divertido! En el próximo viaje también voy con vosotros, ¿eh?

CARMEN: Perdón, ¿está ocupado?
VECINA DE MESA: No, no...
CARMEN: Gracias.
DAVID: Oye, Juan, ¿y tú qué haces?
JUAN: ¿Aquí?
DAVID: No. ¿Qué haces en Madrid, normalmente?
JUAN: Trabajo. Tu hermana y yo hacemos un programa de televisión.
DAVID: Ya, eso ya lo sé. Pero, ¿qué haces los sábados y los domingos?
JUAN: Leo, voy al cine, hago deporte... Estudio, veo la televisión, salgo con los amigos... ¡Ya está!
CARMEN: Pobrecito. ¡Camarero! Por favor. La carta de platos combinados. ¡Pobrecitos!

PRESENTADOR: Buenas noches.

17. ¿Qué tal el viaje?

● **AHORA YA PUEDES...**

hablar de cómo ha resultado algo:	— ¿Qué tal el viaje? — Estupendo.
hablar del tiempo que hace:	— ¿Qué tal hace? — Malo. Está nevando.
hablar de las costumbres de las personas:	— ¿Qué haces los sábados? — A veces voy al cine. — ¿Qué haces por la tarde? — Normalmente, juego al tenis.
proponer hacer algo:	¿Por qué no vamos a la playa?

18 ¿Han visto a David?

Al final de esta unidad estarás en condiciones de hablar de lo que has hecho y de lo que eres capaz de hacer. Habrás progresado, además, en actividades ya aprendidas, como identificarte.

I

He ido al quiosco.
He comprado unos periódicos.
He alquilado una película.
He encendido el fuego.

Así hablas de lo que has hecho.

Pretérito perfecto

he	compr**ado**
has	compr**ado**
ha	compr**ado**
hemos	compr**ado**
habéis	compr**ado**
han	compr**ado**

☞ 6.2

Para hablar de actividades que se acaban de realizar o que se han realizado recientemente se usa el pretérito perfecto: he ido, he comprado, he alquilado…

18. ¿Han visto a David?

1. Cuenta tú lo que dice Luis en los dibujos de la página anterior.

MODELO: Esta tarde, Luis ha ido al quiosco.

2. Completa oralmente las frases como en el modelo.

dejar	usar	perder	olvidar	encontrar	buscar	salir

comprar — comprado
encender — encendido
salir — salido
☞ 6.2.c

1. Enrique **ha perdido** el bolígrafo.
2. Lo … pero no lo ha encontrado.
3. Ahora sí lo … . ¡Estupendo!

4. El señor Solana … el coche en el taller.
5. Luisa … el número de teléfono de su amiga.
6. El señor Solana no … esta tarde el coche.

3. Lee la postal de Antonio y María y contesta.

Participios irregulares

abrir ⟶ abierto: he abierto
escribir ⟶ escrito: he escrito
hacer ⟶ hecho: he hecho
poner ⟶ puesto: he puesto
ver ⟶ visto: he visto
volver ⟶ vuelto: he vuelto
☞ 6.2.c

Querida Isabel:
Hemos llegado al hotel, hemos abierto la maleta sólo para coger la máquina de fotos, le hemos puesto un carrete, y ahora estamos visitando la ciudad. Ya hemos visto los jardines del río y la parte moderna, pero no hemos ido todavía a la universidad y al barrio viejo.
Un abrazo, y hasta pronto.
Antonio y María

Isabel García
c/ España, nº60
28013 Madrid

1. ¿Qué han hecho Antonio y María en el hotel?
2. ¿Qué han hecho en la ciudad?
3. ¿Han visto ya la universidad?

II

RECUERDA:

SABER: Presente   6.1.a

Sabe francés.

¿Sabe usar este ordenador?

Así se habla de los conocimientos y habilidades de alguien.

Hay dos verbos en español que sirven para hablar de las capacidades de las personas: poder y saber.

Se usa saber cuando se trata de conocimientos o habilidades que normalmente requieren un aprendizaje: los idiomas, cocinar, conducir un coche, nadar, jugar a algo, etc.

Compara:

Puede conducir (= no está cansado, no ha bebido alcohol, etc.).

Sabe conducir   (= ha aprendido a hacerlo).

Saber puede llevar detrás un verbo en infinitivo o un nombre:

Sabe inglés, francés e italiano.   Sabe usar el ordenador.

4. Mira los dibujos y habla.

MODELO: Manolo no sabe tocar el piano.

1. tocar el piano

2. tocar la guitarra

3. cocinar

4. conducir

5. alemán

6. informática

7. jugar al fútbol

8. bailar

5. Contesta.

1. ¿Qué sabes hacer?

2. ¿Qué instrumento sabes tocar?

3. ¿A qué sabes jugar?

4. ¿Qué idiomas sabes?

5. ¿Sabes cocinar?

6. Di tres cosas que no sabes hacer.

18. ¿Han visto a David?

III **Soy de Empresas Eléctricas.**
Soy el electricista.

Ésta es otra forma de presentarse.

Para identificarse, también se puede decir el nombre de la empresa o la profesión:

Soy de Correos.
Soy el cartero.

ATENCIÓN:

— **¿Qué** es usted?
— Soy cartero.

— **¿Quién** es usted?
— Soy **el** cartero.

6. Escucha y numera los dibujos en el orden en que las personas se identifican.

1

2

3

4

5

6

7. Di cómo se han presentado los personajes anteriores. ¿Alguno no se ha presentado? ¿Qué diría/n?

MODELO (dibujo 1): Soy el cartero.

8. En el anuncio se solicita un/a jefe de ventas y se pide un curriculum vitae. Prepáralo con un/a compañero/a.
Debes decir tu nombre, edad, dirección, y profesión. *age*

Debes hablar también de tus estudios, de tus trabajos anteriores, de lo que sabes hacer, de los idiomas que hablas.

Usa el diccionario si lo necesitas.

TRANSCRIPCIÓN DE LOS DIÁLOGOS DEL VÍDEO

PRIMERA PARTE

Presentación

CHICO: ¡Por favor!
PRESENTADOR: ¿Eh? ¡Ah! Hola. ¿Sí?
CHICA: ¿Nos hace una foto?
PRESENTADOR: Sí, claro.
CHICO: ¿Sabe usted usar esta cámara?
PRESENTADOR: Por supuesto. Sí, sé usarla, claro.
CHICA: Estupendo, gracias, eh.
PRESENTADOR: ¿Ven? Les he hecho una foto.
CHICO: ¡Puff! ¡Qué foto!
PRESENTADOR: ¿Qué ha pasado?
CHICA: Que nos ha cortado la cabeza.
PRESENTADOR: Es verdad. Les he cortado la cabeza. Lo siento. ¿Les hago otra?

Telecomedia

JUAN: ¡Muy bien! ¡Estupendo!
BAILARÍN: Gracias, gracias. Bueno, hemos terminado, ¿no?
CARMEN: Sí, sí. Hasta mañana.
BAILARINA: Bueno, adiós.
JUAN: Dame eso. ¡Los papeles!
DAVID: Espera, ahora no.
ANA: ¿Sabes bailar?

DAVID: No... Pero sé informática. Y también sé inglés. Mira: ''You are beautiful''.
ANA: Pero, ¿no sabes bailar nada nada?
DAVID: Bueno, un poco.
ANA: Ven.
JUAN: Mira, Carmen, mira los niños.
CARMEN: ¡Muy bien!
JUAN: ¡Estupendo!
DAVID: ¡Carmen! ¡Juan! ¡Ya sé bailar! ¡Ana me ha enseñado!

ANA: ¿Has visto a David?
CARMEN: Está por ahí.
DAVID: ¿Has visto a Ana?
CARMEN: Sí. Está buscándote.
DAVID: Ah, ¿sí? ¿A dónde ha ido?
CARMEN: Mira, allí está. ¿Y Juan? ¿Dónde está Juan? ¿Lo habéis visto?
JUAN: ¡Aquí estoy!
CARMEN: ¿Y David?
JUAN: Ah, no sé. Yo no lo he visto.
CARMEN: No lo veo. Juan, David se ha perdido.
JUAN: Ah, no creo. ¡David!
CARMEN Y JUAN: ¡David!
CARMEN: ¡David!

SEGUNDA PARTE

Presentación

PRESENTADOR: Soy Luis Cánovas, de *Viaje al Español*. Sí, soy el presentador de *Viaje al Español*, ¿no?
RECEPCIONISTA: Ah, sí, señor Cánovas. Le han llamado por teléfono. Un momento. Han dejado este aviso.
PRESENTADOR: ¿Un aviso? Gracias. "Soy Carmen. No encuentro a David".
RECEPCIONISTA: ¿Quiere usted dejar un aviso?
PRESENTADOR: No, no, gracias. Voy a buscarlo. ¡Este niño...!

Telecomedia

CARMEN: ¿Oiga? Soy Carmen Alonso, de Televisión. ¿Han dejado algún aviso para mí?
RECEPCIONISTA: Buenos días. Sí. La han llamado por teléfono.
CARMEN: ¿Mi hermano?
RECEPCIONISTA: No, ha llamado el señor... Alvarado, el fotógrafo. Va a llamar más tarde. ¿Quiere usted dejar un aviso?
CARMEN: Sí, por favor. Para mi hermano David, no para el fotógrafo.
RECEPCIONISTA: Dígame.
CARMEN: ''David, espera en la habitación''. Por favor, no se olvide.
RECEPCIONISTA: No se preocupe.
CARMEN: Qué, ¿lo ves?
JUAN: No, no lo veo por ninguna parte.
CARMEN: ¡Juan! ¡Ese niño!

JUAN: No te preocupes. Vamos a seguir buscando.
CARMEN: Perdona, pero no encuentro a mi hermano David, el niño...
JUAN: ¿Lo habéis visto?
BAILARINA: Yo no, pero... espera un momento. ¡Enrique! ¡Ven un momento! Es de la organización.
ENRIQUE: Hola, ¿qué tal?
CARMEN: Hemos perdido a mi hermano.
ENRIQUE: Bien, vamos a ver. ¿Cómo se llama el niño?
CARMEN: David. Se llama David.
SEÑORA: ¡David, ven aquí!
CARMEN: ¡Se ha perdido, Juan, se ha perdido!

PRESENTADOR: ¿Han visto ustedes a David? ¿No lo han visto? Tranquilos. Lo vamos a encontrar. Adiós.

18. ¿Han visto a David?

● **AHORA YA PUEDES...**

hablar de lo que has hecho:	He ido al quiosco.
	He encendido el fuego.
hablar de los conocimientos y habilidades de alguien:	Sé español.
	Sabe tocar la guitarra.
presentarte diciendo tu profesión o el nombre de tu empresa:	Soy el médico.
	Soy Carmen, de Televisión.
	Somos de Iberia.

19 ¿Cómo es el niño?

Al final de esta unidad serás capaz de hacer y pedir descripciones de las personas y de las cosas, y podrás compararlas entre sí.

I

David es rubio y tiene el pelo largo. Lleva un pantalón beis.

Así se puede describir a una persona.

Mi casa es grande y cómoda. Tiene dos cuartos de baño.

Así se pueden describir las cosas.

¿Cómo es David?

¿Cómo es tu casa?

Y así se pide una descripción.

Para pedir la descripción de una persona o cosa se usa ¿Cómo + ser?

¿Cómo son tus primos?   ¿Cómo es tu ciudad?

Para hacer la descripción, se usan los verbos ser o tener:

Mi primo es alto y delgado. Tiene barba y los ojos marrones.

Mi ciudad es pequeña pero tiene muchos parques.

Cuando se describe a una persona es frecuente hablar de su ropa. En este caso, se suele usar la forma llevar o llevar puesto.

Carmen no es muy alta. Tiene el pelo castaño. Lleva una camiseta rosa.

Para describir el mobiliario de una estancia se usa tener: El cuarto de baño **tiene** una bañera grande, o bien la forma hay: **En** el cuarto de baño **hay** una bañera grande.

19. ¿Cómo es el niño?

 1. Escucha y luego pregunta a tu compañero/a cómo es cada personaje. Él/Ella te contestará.

Aspecto: alto, -a; bajo, -a; normal, gordo, -a; delgado, -a; joven.

Pelo: rubio, castaño, moreno, calvo, -a; largo, corto.

Cara: cuadrada, redonda, normal, con barba, con bigote.

Nariz/Boca: grande, pequeña.

Ojos/Orejas: grandes, pequeños, -as.

Ropa: el pantalón (vaquero), la falda, la blusa, la camisa, la camiseta, la manga larga/corta.

Colores: blanco, rosa, rojo, azul, marrón, beis, amarillo, naranja, verde, negro.

 2. Describe a un/a compañero/a. Los/Las demás adivinarán quién es. Te puedes ayudar con el léxico del ejercicio 1 y el que te damos a continuación.

amable	desagradable	simpático, -a	antipático, -a
alegre	triste	bueno, -a	malo, -a
inteligente	tonto, -a	divertido, -a	aburrido, -a

 3. Describe esta casa diciendo una mentira. Tu compañero/a deberá descubrir la mentira y corregirte.

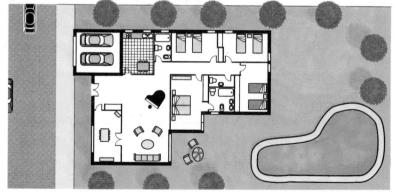

el cuarto de estar	la cocina
la piscina	el salón
el cuarto de baño	el garaje
la habitación	el jardín

 4. Ahora cuenta a tu compañero/a cómo es tu casa ideal. Él/Ella te dirá si piensa como tú.

5. Fíjate en la fotografía y escucha la descripción de esta casa de muñecas. Luego, con un/a compañero/a, haced vosotros/as la descripción.

Los muebles: la cama, el armario, la silla, la mesa, el sillón.
La cama: la manta, la sábana, la almohada, el colchón.
El cuarto de baño: la bañera, la ducha, el lavabo, el váter.
Los electrodomésticos: la cocina, la lavadora, el frigorífico, el televisor.

● ●

II

— **¿Cuánto mide David?**
— **Mide uno cuarenta y cinco.**

— **¿Cúanto pesa?**
— **Cincuenta kilos.**

Así se habla de las dimensiones de las personas y de las cosas.

Así se habla del peso.

CANTIDADES
CON DECIMALES:

0,50 m = cincuenta centímetros
= **medio** metro

1,45 m = uno cuarenta y cinco
= un metro y cuarenta y cinco centímetros

3,50 m = tres cincuenta
= tres metros y cincuenta centímetros
= tres metros **y medio**

Si al dar la medida de algo quieres especificar a qué dimensión se refiere, puedes hacerlo así:
— ¿Cuánto mide eso?
— Mide cinco metros **de largo**.
— Dos metros y cuarenta centímetros **de ancho**.
— Tres cincuenta **de alto**.

de largo ◄——► de longitud
de ancho ◄——► de anchura
de alto ◄——► de altura

6. Escucha y contesta.

MARCA Y MODELO	DIMENSIONES			PESO (en kg)	PRECIO FINAL
	LONGITUD (en metros)	ANCHURA (en metros)	ALTURA (en metros)		
MERCEDES 190	4,45	1,69	1,39	1.140	3.459.330
MERCEDES 300 E	4,74	1,74	1,44	1.455	5.728.310
SEAT IBIZA	3,47	1,61	1,39	900	960.000
TOYOTA CELICA	4,36	1,71	1,29	1.100	3.034.200
OPEL CORSA	3,62	1,53	1,36	760	859.526
LADA	4,04	1,61	1,44	955	821.999

19. ¿Cómo es el niño?

III

David es simpático como tú. Pero es más bajo que tú.

El Opel Corsa es menos alto que el Lada.

Así se pueden comparar personas o cosas.

Cuando se describe, es frecuente recurrir a la comparación de la persona o de la cosa descrita con otra que se le parece. Se hace con la palabra como:

> La niña es rubia como su madre.
>
> La niña es como su madre: es rubia, tiene los ojos azules,...

El verbo parecerse es otra manera de comparar:

> La niña y su madre se parecen.
>
> La niña se parece **a** su madre.

Cuando se compara una característica que dos o más personas o cosas tienen en distinto grado se usa más ... que o menos ... que:

> La hija es más alta que su madre.
>
> Antonio es menos alto que María, pero los dos son muy altos.

La segunda parte de la frase puede no expresarse cuando está claro de qué se habla:

> — Juan es muy inteligente.
>
> — Sí, pero Pedro es **más simpático**.

más alto **que** ...

menos alto **que** ...

☞ 10

7. Compara a Ana con Juan y a María con Antonio. Luego, compara los chicos entre ellos y las chicas también.

MODELO:

Ana se parece a su hermano Juan.
Es menos morena que él.
Juan es más alto que Ana.
Es delgado como su hermana.

8. Escucha varias veces esta conversación en la que un joven, que acaba de ser padre, le comunica la noticia a su madre, es decir, a la abuela de la recién nacida. Toma notas y luego cuenta a tu compañero/a cómo es la niña.

19. ¿Cómo es el niño?

 TRANSCRIPCIÓN DE LOS DIÁLOGOS DEL VÍDEO

PRIMERA PARTE

Presentación

PRESENTADOR: Hola. Seguimos en Canarias. Este niño es rubio, mide uno cuarenta y cinco, es delgado, pero... no es David ¿verdad?

NIÑO: No, me llamo Jesús. ¿Dónde está David?

PRESENTADOR: David se ha perdido. ¿Recuerdan? Mira... tú eres más rubio que él.

NIÑO: Sí, y él es más delgado.

PRESENTADOR: Pero tú eres más alto que David. Él es así... Vamos a buscarlo.

Telecomedia

JUAN: ¿Qué hacemos? ¿Vamos al hotel?

CARMEN: No sé, no sé...

POLICÍA: Buenos días.

ENRIQUE: Se ha perdido un niño.

CARMEN: Sí. ¡Se ha perdido mi hermano David!

POLICÍA: Tranquila. ¿Cómo es?

JUAN: Es moreno... Como este niño.

CARMEN: No, ¡qué va! Tiene el pelo castaño, como... como ése de ahí.

JUAN: No, mujer... David es más moreno que ése. Como éste.

POLICÍA: Bueno, bueno. ¿Es alto o bajo?

JUAN: Mide metro y medio.

POLICÍA: ¿Cuánto? ¿Cuánto mide?

JUAN: Metro y medio. Más o menos así... Como esa niña.

CARMEN: No, hombre, no. Uno cuarenta y cinco. Como... Como esa otra.

POLICÍA: ¿Es gordito?

JUAN: No, normal...

CARMEN: No, no, es muy delgado.

POLICÍA: Pero bueno, ¿cómo es el niño?

NIÑOS: ¡Como yo!

NIÑO: Tira. Bien.

DAVID: ¡Rápido!

NIÑO: Más fuerte.

ANA: ¡Cómo que más fuerte! ¡David!

NIÑO: ¡Se ha caído!

NIÑA: Se ha caído al agua.

NIÑO: Te has mojado la ropa.

NIÑA: ¡Anda!, y te has roto el pantalón.

DAVID: ¡El zapato! He perdido el zapato.

ANA: Está en la piscina. Vamos a buscarlo.

SEGUNDA PARTE

Presentación

PRESENTADOR: Buenos días. He perdido una cartera.

POLICÍA EMPLEADO: ¿Una cartera? ¿Cómo es?

PRESENTADOR: Es negra...

POLICÍA EMPLEADO: ¿Como ésta?

PRESENTADOR: No, más grande.

POLICÍA EMPLEADO: ¿Así?

PRESENTADOR: No, hombre, no, una cartera de ésas, pero un poco más grande. Mide quince centímetros aproximadamente, más o menos así... Es negra, de piel y tiene un dibujo así...

POLICÍA EMPLEADO: Lo siento, pero negra y con dibujo no tenemos ninguna.

PRESENTADOR: Bueno, gracias.

POLICÍA EMPLEADO: Lo siento.

NIÑO: Hola. He encontrado esta cartera.

POLICÍA EMPLEADO: Negra, de piel, con dibujo... ¡Luis Cánovas!

PRESENTADOR: ¡Mi cartera!

Telecomedia

CARMEN: ¿Ha llegado David?

JUAN: No.

POLICÍA: Esperen aquí un momento.

JUAN: No te preocupes, Carmen.

ENRIQUE: ¿Habéis visto a Ana?

JUAN: ¿Quién es Ana?

ENRIQUE: Ana, mi hija.

CARMEN: ¿Qué pasa? ¿Se ha perdido también?

POLICÍA: ¡No! ¿Cómo es la niña?

NIÑO: ¡Jo, qué piscina! ¿Cuánto mide?

ANA: Mide cincuenta metros de largo.

NIÑO: ¿De largo? ¿Cincuenta metros de largo? ¡Imposible! Uno, dos, tres...

NIÑO: ¡Se ha escapado el perro! ¡Se ha escapado el perro!

ANA: ¡Canelo, Canelo!

NIÑOS: ¡Canelo, Canelo! ¡Ven aquí!

CARMEN: ¡David, es David! ¡David!

ENRIQUE: ¡Ana!

CARMEN: Pero, ¿dónde has estado, David?

DAVID: Aquí, en casa de Ana.

POLICÍA: ¿Ven, señores? Todo solucionado.

ENRIQUE: Muy mal, Ana, muy mal. Tú aquí, en casa y nosotros...

DAVID: Y he perdido... el zapato

POLICÍA: Bueno, bueno, tranquilos. Todo solucionado. Central, central. Aquí unidad cuatro: he encontrado a los niños.

ANA: Papá, se ha escapado Canelo.

POLICÍA: ¿Quién?

DAVID: Canelo, el perro de Ana.

POLICÍA: ¡No! ¿Cómo es Canelo?

PRESENTADOR: He encontrado el zapato. ¡Y a Canelo! Hasta otro día.

19. ¿Cómo es el niño?

AHORA YA PUEDES...

describir personas:	David es rubio y tiene el pelo largo. Lleva un pantalón vaquero.
y cosas:	Mi ciudad es pequeña, pero tiene muchos parques. En los parques hay flores.
pedir la descripción:	¿Cómo es David? ¿Cómo es tu ciudad?
describir a alguien por su altura y su peso:	Mide un metro cuarenta y cinco y pesa cincuenta kilos. Es muy delgado.
y preguntarlo:	¿Cuánto pesa?
describir las cosas por sus dimensiones:	Mide tres metros de largo, dos de ancho y uno de alto.
comparar personas y cosas:	David es más bajo que tú. Antonio es alto, pero menos que María. Es como su madre. Se parece a su madre. La niña y la madre se parecen.

20 Me duele todo

Al final de esta unidad podrás decir dónde sientes dolor, solicitar cortésmente que alguien te reciba o que haga algo por ti, y pedir perdón por las molestias causadas.

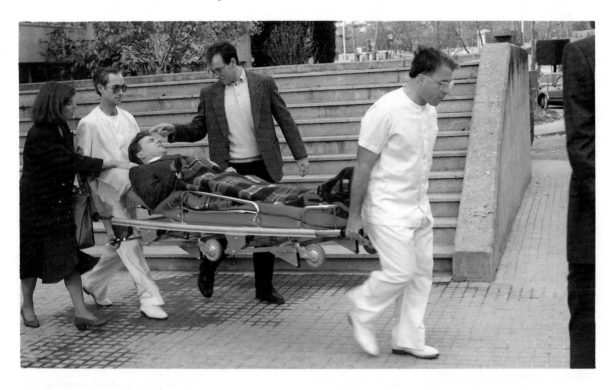

I

Me duele la rodilla.
A Carmen le duele la cabeza.

Así se dice dónde se siente dolor.

¿Qué le duele?
¿Dónde le duele a Carmen?

Y así se pregunta.

Para decir en qué parte del cuerpo se siente dolor se emplea el verbo doler precedido de me, le, ... y seguido del nombre de la parte del cuerpo de que se trate:

    Me duelen las muelas.   A Carmen le duele la cabeza.

Para preguntar, se utiliza este mismo verbo precedido de qué. Y para precisar más el lugar del dolor se pregunta con ¿dónde? Se pueden expresar grados diferentes de dolor con un poco y mucho:

— ¿Qué le duele?

— Esta mano.

— Sí, pero, ¿dónde?

— Aquí, en el dedo.

— ¿Le duele mucho?

— No. Un poco.

20. Me duele todo

 1. Mira los dibujos y forma las frases adecuadas eligiendo un elemento en cada recuadro.

me
te
le
nos
os
les

➡ duele

☞ 2

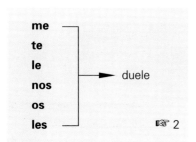   

1   2   3

Me duele la cabeza.
Me duele**n** la**s** muela**s**.

☞ 13

A los niños	le	duele	el	cabeza
A Luis	les	duelen	la	brazos
A Carmen			los	muelas
			las	piernas
				pie
				estómago
				cuello
				espalda

● ●

II

Espere usted ahí.
¿Espera ahí, por favor?
¿Puede esperar ahí?
¿Podría usted esperar ahí, por favor?

Así se pide a otras personas que hagan algo.

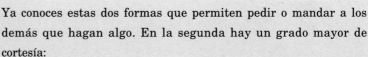

Ya conoces estas dos formas que permiten pedir o mandar a los demás que hagan algo. En la segunda hay un grado mayor de cortesía:

Baja la radio.   ¿Bajas la radio, por favor?
Espere un momento.   ¿Espera un momento, por favor?

Aquí tienes una fórmula más suave que las dos anteriores, con el verbo poder seguido de un infinitivo:

¿Puedes bajar la radio?
¿Puede esperar un momento, por favor?

Se puede conseguir un grado aún mayor de cortesía y amabilidad presentando la orden, petición o sugerencia con las formas podría, podrías, etc., del verbo poder:

¿Podrías bajar la radio, por favor?
¿Podría usted esperar un momento, por favor?

¿Podrías...?   ☞ 6.5

2. Pide a las personas indicadas que hagan una de estas cosas en las situaciones que se mencionan. Usa todas las fórmulas que conoces.

volver mañana   apagar el cigarro
coger el paquete   bajar la radio
encender la televisión   hablar más alto

1. En casa. Tratas de hablar por teléfono con alguien, pero tu familia tiene la radio encendida a un volumen altísimo.

2. En un bar. La televisión está apagada y quieres ver el partido de fútbol.

3. En una tienda. Hay un paquete sobre el mostrador y quieres que tu pareja lo coja.

4. En clase. Un/a compañero/a acaba de decirte algo. No lo/la has entendido porque hablaba en voz muy baja.

5. En la oficina. Hoy no puedes atender a un cliente que quiere hacerte una visita. Quieres que vuelva mañana.

6. En el tren. Un señor está fumando a tu lado y te molesta.

● ●

III

Usted dirá.	*Así te atenderán en una situación formal.*
Quería ver al señor director.	*Así se solicita ver a alguien.*
Don Julián, es para usted. **¡Pedro! Te llaman por teléfono.** **¡Ana! Al teléfono.**	*Así se avisa a otra persona de una llamada telefónica.*
Perdón por el retraso. **Perdone usted la espera.**	*Así se disculpa uno/a alegando el motivo por el cual se disculpa.*
Nada, nada. **No se preocupe.**	*Y así se contesta.*

En situaciones formales podrán ponerse a tu disposición así:

Usted dirá.   Dígame.
¿Qué desea?

Si quieres solicitar a alguien que otra persona te reciba, emplea una de las construcciones siguientes:

Quería ver al señor director.
¿Está el señor director? (menos formal)

20. Me duele todo

Para avisar a otra persona de que la llaman por teléfono, usa cualquiera de estas fórmulas:

¡Pedro! Te llaman por teléfono.   Carlos, es para ti.

¡Ana! Al teléfono. (menos formal)   Don Julián, es para usted.

Doña Dolores, la llaman por teléfono.

3. Mira los dibujos y escucha. Luego, con un/a compañero/a, ocupa el lugar de los personajes y representa la escena.

4. Escucha varias veces el diálogo y luego complétalo oralmente con dos compañeros/as.

SEÑORA: ... ... al doctor Suárez.

ENFERMERA: Sí. Pase. Por aquí.

DOCTOR: Buenas tardes. Siéntese, por favor. Usted ... .

SEÑORA: Hola, buenas tardes. He ... un pequeño accidente y me ...
... el brazo.

DOCTOR: Vamos a ver. ¿ ... ... duele exactamente?

SEÑORA: Aquí. ... el ... izquierdo. Y también ..., en la ... .

DOCTOR: De acuerdo. ¿... quitarse la chaqueta?

SEÑORA: ¿La chaqueta?

DOCTOR: Sí. ... la chaqueta, por favor.

ENFERMERA: Doctor, ... teléfono.

DOCTOR: ¿Cómo?

ENFERMERA: Que lo ... ... teléfono.

DOCTOR: Ah, sí. Gracias.

20. Me duele todo

TRANSCRIPCIÓN DE LOS DIÁLOGOS DEL VÍDEO

PRIMERA PARTE

Presentación

PRESENTADOR: Hola, ¿qué tal? ¿Bien? Yo... mal. Voy al médico. ¿Se puede?

DOCTOR SUÁREZ: ¡Adelante! Buenos días... Siéntese, por favor. Usted dirá.

PRESENTADOR: Pues me duele mucho esta pierna.

DOCTOR SUÁREZ: A ver, ¿dónde le duele exactamente?

PRESENTADOR: Aquí. Aquí, aquí en la rodilla. Me duele la rodilla.

DOCTOR SUÁREZ: Perdón... Sí, dígame... ¿Cómo? Un momento, por favor... Paco, al teléfono.

DOCTOR SUÁREZ: Que te llaman por teléfono.

Telecomedia

ÓSCAR: Hola, buenos días.

RECEPCIONISTA: Buenos días.

ÓSCAR: ¿La oficina de Carmen Alonso, por favor?

RECEPCIONISTA: Un momento, por favor. Sí, dígame. Sí, un momento. Elena, te llaman por teléfono... Sí, es para ti. Usted dirá.

ÓSCAR: ¿Cómo?

RECEPCIONISTA: ¿Qué desea?

ÓSCAR: ¿La oficina de Carmen Alonso?

RECEPCIONISTA: Ah, sí, sí. Mire, esos señores van a la oficina de la señorita Alonso.

ÓSCAR: Gracias.

RECEPCIONISTA: Usted dirá.

ROSI: Sí, dígame. Un momento. Oye, Diego, te llaman por teléfono.

DIEGO: ¿A mí?

ROSI: Sí, es para ti.

DIEGO: No estoy.

ROSI: ¿Oiga? Mire, no está. Ha salido... Lo siento... De nada... Adiós.

JUAN: Un programa en la nieve.

DIEGO: Sí, hombre. España tiene nieve, ¿no? Nieve, sol, playas...

CARMEN: Y yo, dolor de cabeza. Me duele mucho la cabeza.

DIEGO: No estoy. ¡No estamos!

ROSI: Éste es el contestador automático del 2.42.23.34. En este momento no estamos en la oficina. Por favor, deje su mensaje después de oír la señal.

HOMBRE 1: ¿Se puede? Perdón.

JUAN: Nada, nada, no se preocupe.

HOMBRE 1: ¿Le duele?

JUAN: Un poco.

DIEGO: Toma, Juan.

JUAN: ¿Qué?

DIEGO: Son para ti. Pruébatelos.

SEGUNDA PARTE

Presentación

ENFERMERA: Buenos días.

PRESENTADOR: Buenos días. Quería ver al doctor Suárez.

ENFERMERA: Pase, pase. Es esta puerta.

PRESENTADOR: ¡Ay, ay! ¡Pufff! ¡Qué dolor! ¿Qué hago? ¿Entro otra vez? ¡Entro!

DOCTOR SUÁREZ: ¿Usted?

PRESENTADOR: Perdone por...

DOCTOR SUÁREZ: Nada, nada, no se preocupe. Pase... Siéntese... La rodilla, ¿no?

PRESENTADOR: Sí, señor.

DOCTOR SUÁREZ: A ver... ¿Puede bajarse el pantalón?

PRESENTADOR: ¿Cómo?

DOCTOR SUÁREZ: Bájese el pantalón, por favor.

PRESENTADOR: ¡Ah! ¿Pueden mirar a otro lado, por favor?

Telecomedia

ÓSCAR: Quería ver a la señorita Alonso. ¿Podría usted...?

ROSI: Lo siento, la señorita Alonso no está.

ÓSCAR: ¿No está?

ROSI: Sí está, pero no está. ¡Carmen!

CARMEN: No estoy.

ROSI: ¿Ve?

ÓSCAR: ¿Puedes venir un momento?

CARMEN: ¡Óscar!

ÓSCAR: Oye, perdón por el retraso.

CARMEN: Nada, nada, no te preocupes. Perdona tú por...

ÓSCAR: ¿Qué pasa? ¿Tenéis mucho trabajo?

CARMEN: Mucho. Y, además, me duele la cabeza.

ÓSCAR: A ver, a ver...

CARMEN: Tonto...

DIEGO: Carmen, ¿puedes venir un momento?

ÓSCAR: No, hombre, así no.

HOMBRE 2: ¿Qué?

ÓSCAR: Que no es así.

HOMBRE 2: ¿Y cómo es entonces?

ÓSCAR: Mire, déjeme. Les voy a hacer una demostración.

ÓSCAR: ¿Qué tal?

CARMEN: Óscar, cuidado.

ÓSCAR: Es muy fácil. No te preocupes.

SEÑOR BAJITO: Buenos días. ¿El doctor Suárez, por favor?

20. Me duele todo

DIEGO: No moleste, oiga.

SEÑOR BAJITO: Oiga, quería ver al doctor Suárez.

HOMBRE 1: Pregunte a la secretaria.

SEÑOR BAJITO: Gracias. Señorita, por favor, querría ver al doctor Suárez.

ROSI: No sé. Pregunte en esa puerta.

ÓSCAR: ¡Cuidado! ¡Que voy!

SEÑOR BAJITO: Muchas gracias.

ÓSCAR: ¡Eh, oiga! ¡Fuera! ¡Quítese de ahí!

SEÑOR BAJITO: ¿Es usted el doctor Suárez?

ÓSCAR: ¡Fuera! ¡Quítese de ahí!

CARMEN: ¿Cómo estás, Óscar?

ÓSCAR: ¡Tengo un dolor...!

CARMEN: ¿Aquí? ¿Te duele aquí? ¿Aquí?

JUAN: ¿Aquí?

ÓSCAR: ¡Aquí!

PRESENTADOR: ¡Adiós!

SEÑOR BAJITO: ¡Doctor Suárez! Perdón por el retraso.

PRESENTADOR: Hasta luego.

AHORA YA PUEDES...

decir dónde sientes dolor:	Me duele la pierna.
	Me duele aquí, en la rodilla.
y preguntarlo:	¿Qué le duele?
	¿Dónde le duele?
pedir a otra persona que haga algo...	
– con cierta sequedad:	¡Apaga la radio, por favor!
– con cierta cortesía:	¿Compras tú el periódico?
– con amabilidad:	¿Puedes encender la luz?
– con gran cortesía:	¿Podría usted venir un momento, por favor?
comprender cuando alguien se ponga a tu disposición:	Usted dirá.
	Dígame.
	¿Qué desea?
solicitar ser recibido por alguien:	Quería ver al señor director.
	¿Está el señor Gómez?
pedir disculpas mencionando el motivo concreto:	Perdón por las molestias.
	Perdonen el retraso.
y contestar:	Nada, nada.
	No se preocupe.
avisar a alguien de que lo/la llaman por teléfono:	Te llaman por teléfono.
	Al teléfono.
	Es para usted.

21 Aquí nací yo

Al final de esta unidad habrás aprendido principalmente a contar qué sucedió en un momento pasado. También sabrás cómo interesarte por el estado de las personas, y cómo pedir información para ir a un lugar.

I

Aquí nació Juan.
Estuvo en Francia.
Vivió en París.

Así se cuenta lo que sucedió en el pasado.

Juan vivió y trabajó en París.

Para contar qué sucedió en el pasado, se usan las formas del pretérito indefinido (nació, estuvo, vivió…):

Yo **nací** en 1951.

Ayer **fui** a Salamanca.

FÍJATE:

IR: fui, fuiste, fue…

ESTAR: estuve, estuviste, estuvo…

HACER: hice, hiciste, hizo…

DAR: di, diste, dio…

VENIR: vine, viniste, vino…

☞ 6.4

PRETÉRITO INDEFINIDO:

TRABAJ**AR**	NAC**ER**	VIV**IR**
trabaj**é**	nac**í**	viv**í**
trabaj**aste**	nac**iste**	viv**iste**
trabaj**ó**	nac**ió**	viv**ió**
trabaj**amos**	nac**imos**	viv**imos**
trabaj**asteis**	nac**isteis**	viv**isteis**
trabaj**aron**	nac**ieron**	viv**ieron**

☞ 6.4

21. Aquí nací yo

 1. Mira los dibujos y escucha varias veces el relato de Marta. Luego, cuéntalo tú en su lugar.

1. levantarse

2. desayunar

3. ir

4. comer

5. visitar

6. volver

 2. Vuelve a mirar los dibujos del ejercicio 1 y cuenta la jornada de Marta.

MODELO: 1. El domingo Marta se levantó temprano.

 3. Pregunta a tus compañeros/as qué hicieron el sábado y el domingo.

Sugerencias:

levantarse	tarde		desayunar	en casa
acostarse	pronto		comer	fuera
volver	a la hora de siempre		cenar	con amigos/as

coger	el autobús		leer	el periódico
	un taxi			un libro
	el coche			una revista

trabajar	un rato			al cine
	mucho		ir	al teatro
estudiar	solo/a			al campo
	con unos/as compañeros/as			de compras

quedarse en casa

dar un paseo

tomar un café/una copa

ver la televisión

llamar por teléfono a…

escuchar música

21. Aquí nací yo

II

— **¿Qué tal estás?**

Así te puedes interesar por el estado o la salud de una persona.

— **Muy bien, gracias./Mal, muy mal.**

Y así se puede contestar.

La fórmula ¿Qué tal + estar? sirve para interesarse por la salud o el estado de las personas:

¿Qué tal estás? ¿Qué tal están tus padres?

Se puede contestar así:

Muy bien, gracias. Regular

Mejor. Mal.

Así, así. Peor.

Naturalmente, se puede añadir una explicación:

Mal. Me duele la cabeza. Tengo sed. — thirsty

Tengo catarro. — have cold Tengo hambre. — hungry

Tengo sueño. — tired

 4. Escucha y luego di qué tal están estas personas.

1. la madre de Pilar 2. Andrés 3. Ana

 5. Interésate por el estado o la salud de tus compañeros/as. Ellos/Ellas te contestarán.

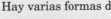

III

¿La Plaza Mayor, por favor?
¿Para ir al museo, por favor?

Así se pregunta cómo se va a un lugar.

Siga todo recto.
Coja la segunda a la izquierda.

Y así se contesta.

Hay varias formas de preguntar cómo se va a un lugar:

Por favor, ¿el Banco de España?

Por favor, ¿dónde está la catedral?

¿Para ir a la Universidad, por favor?

Las respuestas son muy variadas. Las más frecuentes usan ir por, seguir, coger, cruzar y estar:

Vaya por la calle Mayor y después ... Siga recto y ...

Está al final de esta calle, a la izquierda. Cruce la calle y ...

Coja la segunda calle a la izquierda/a la derecha.

21. Aquí nací yo

6. Escucha y luego di si el Banco de España está en el punto 1, 2 ó 3. La persona que pregunta sale del punto 0.

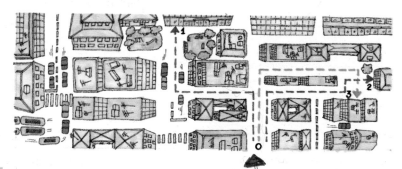

7. Dibuja dos planos idénticos y marca en ellos un mismo punto. Dale uno a tu compañero/a. En el tuyo marca varios lugares: escuela, banco, estación, etc. Ve dando indicaciones a tu compañero/a para que pueda marcar dónde están esos mismos lugares. Luego, comparad vuestros planos. Deben ser idénticos.

MODELO: Coge la primera calle a la derecha y sigue todo recto hasta la plaza. Cruza la plaza y luego coge la segunda…

(IV)

Lo siento. Es que he perdido el autóbus.

Así te puedes justificar.

¡Qué frío hace!
¡Esta chica es guapísima!

Así se da más peso a lo que se describe o cuenta.

> Si necesitas justificarte por algo, da una explicación usando Es que…:
>
> — Te he llamado por teléfono y no estabas.
> — Es que hoy he salido antes de la oficina.

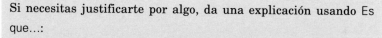

8. Justifícate.

MODELO: Tú: Es que tengo mucha prisa.

1. Vas a irte. Tienes mucha prisa.
2. Has llegado tarde a una cena. Has perdido el autobús.
3. Le dices a tu amigo: "Coge la maleta". A ti te duele la espalda.
4. Una amiga te ha invitado al cine. Pero ya has visto esa película.
5. Un compañero te dice: "Espérame". Pero no tienes tiempo.

Es guapísima.= ¡Qué guapa (es)!
= Es muy guapa.
Es carísimo. = ¡Qué caro (es)! =
Es muy caro.   ☞ 9

9. Dale la razón a la persona que habla. Hazlo así:

CASETE: ¡Qué alta es esa chica!
Tú: Sí, es altísima.

21. Aquí nací yo

 TRANSCRIPCIÓN DE LOS DIÁLOGOS DEL VÍDEO

PRIMERA PARTE

Presentación

PRESENTADOR: ¡Qué frío! ¡Hola! Buenos días.

SEÑORA: Buenos días. Hace frío, ¿eh?

PRESENTADOR: Sí, muchísimo. Póngame un café, por favor. ¡Qué calentito! ¡Qué bien!

SEÑORA: ¿Qué tal estás? ¿Mejor?

SEÑOR: Mal. Muy mal.

SEÑORA: Tómate esto.

PRESENTADOR: ¿Y eso?

SEÑORA: Estuvieron aquí en 1980.

PRESENTADOR: ¿Que estuvo aquí el Real Madrid?

SEÑORA: Sí, y jugó con el equipo del pueblo. Mire. Y ganó el equipo del pueblo. Tres-uno.

PRESENTADOR: ¡Perdió el Real Madrid! ¡Tres-uno! Qué raro, ¿no?

Telecomedia

JUAN: ¿Qué tal estás?

CARMEN: Mal.

JUAN: ¿Mal?

CARMEN: ¡Claro! Hace un frío horrible.

JUAN: Pon la calefacción.

CARMEN: Sí, la calefacción.

JUAN: ¡Qué frío! Mira, ése es mi pueblo. Ahí nací yo.

CARMEN: ¡Qué pueblo!

JUAN: Es bonito, ¿verdad?

CARMEN: Mucho. ¡Qué frío!

MADRE: ¡Juan!, ¡es Juan!

JUAN: Hola, mamá.

PADRE: Hijo, ¿qué tal estás?

JUAN: Muy bien. Mirad, ésta es Carmen, mi compañera de trabajo.

CARMEN: ¿Qué tal?

MADRE: Encantada.

ABUELA: ¡Juanito, has venido! ¡Y tienes novia!

JUAN: No es mi novia, abuela.

ABUELA: ¡Qué chica más guapa! Guapísima. Has elegido muy bien, Juanito.

JUAN: Carmen, mis padres, mis primos, y la abuela.

CARMEN: Encantada.

MADRE: ¿Qué tal el viaje?

CARMEN: Muy bien, gracias.

JUAN: ¿Y vosotros, qué tal?

PRIMO 1: Bien.

PRIMO 2: El próximo mes... nos vamos a la mili.

ABUELA: ¡Cuánto has crecido, hijo!

JUAN: ¿Crecer? Abuela, tengo treinta y cinco años.

ABUELA: ¿Treinta y cinco ya?

MADRE: Sí, mamá, treinta y cinco ya.

PADRE: ¿Entramos?

ABUELA: Mira esto. Lo ganó Juan... ¿lo ves? Y ese cuadro lo pintó Juan. Es listísimo.

CARMEN: ¡Listísimo!

ABUELA: ¡Ay, sí, hija! Ven, mira. Y estuvo en Francia y todo. Vivió en París, mira. Y después, fue a la mili. Mira qué guapo.

CARMEN: ¡Guapísimo!

ABUELA: Y aquí se casó.

CARMEN: ¿Se casó?

ABUELA: ¡Ay, no, hija! Éste no es Juanito. Es su primo Paco.

SEGUNDA PARTE

Presentación

PRESENTADOR: Buenos días. ¿La Plaza, por favor?

SEÑORA: No se puede ir en coche. Deje el coche aquí y vaya por esa calle y luego coja la segunda a la derecha, y después dé la vuelta y después...

PRESENTADOR: Perdone. Otra vez, por favor. Es que no he entendido muy bien. Es que no he entendido nada.

SEÑORA: Bueno, deje el coche aquí y venga conmigo. Es que es un poco difícil...

PRESENTADOR: Muchas gracias. ¿Le ayudo?

SEÑORA: Sí, tome. ¿Vamos?

PRESENTADOR: Bueno, hasta luego.

Telecomedia

ABUELA: Pasa, pasa, Carmen.

CARMEN: Gracias.

PADRE: Ya está. Os vais a quedar unos días, ¿no?

JUAN: Pues... Es que no podemos.

ABUELA: ¡Cómo que no! Os quedáis hasta la boda.

PADRE: Sí, hombre, sólo unos días.

CARMEN: Es que tenemos mucho trabajo.

PADRE: Bueno, bueno. Luego hablamos.

ABUELA: Aquí puedes poner tu ropa, hija. Mira. Mi vestido de boda. Con este vestido me casé yo.

CARMEN: ¡Qué bonito!

ABUELA: Te lo regalo.

21. Aquí nací yo

CARMEN: No, no, muchas gracias.
ABUELA: Son las fiestas del pueblo. Van a la plaza... A bailar.

JUAN: ¡Cuánto ha cambiado todo!
MADRE: Sí, mucho. Pero algunas cosas, no. ¿Recuerdas ese árbol?
JUAN: Sí, una vez me subí y...

MADRE: ¡Juan!
JUAN NIÑO: ¡Mamá!
MADRE: Pero, ¿cómo te has subido ahí?

JUAN: ¿Vamos a la plaza y tomamos unos vinos?
PRIMO 1: Bueno.

ABUELA: ¿A dónde vais?
JUAN: A la plaza.
ABUELA: ¿Y la novia?
PRIMO 1: ¿Qué novia?
JUAN: Abuela, Carmen no es mi novia.
ABUELA: ¿Ah, no? Mira.
PRIMO 2: ¡Qué guapa!
CARMEN: ¿Nos vamos?
JUAN: Espera un momento.

ABUELA: ¡Vivan los novios!

PRESENTADOR: ¡Hasta pronto!

AHORA YA PUEDES...

contar lo que sucedió en el pasado:	Juan vivió en París. Ayer fui al campo.
interesarte por la salud o el estado de los demás:	¿Qué tal estás?
y contestar cuando alguien se interesa por ti:	Muy bien, gracias. Mal. Tengo sueño. Así así. Me duele la cabeza. Mejor, gracias.
preguntar cómo se va a un lugar:	¿La Plaza Mayor, por favor? Por favor, ¿dónde está la catedral? ¿Para ir al museo, por favor?
y comprender la respuesta o responder:	Siga todo recto y coja la segunda calle a la derecha. Está allí, a la izquierda.
justificarte por algo:	Es que tengo mucha prisa.
dar más peso a lo que dices:	Es guapísima. ¡Qué guapa!

22 En invierno

opinion scripte

Al final de esta unidad serás capaz de situar los acontecimientos en el tiempo, es decir, de hablar de cuándo ocurrieron, ocurren o van a ocurrir.

I **¿Cuándo van a venir tus padres?** *Así se pregunta por el momento de un acontecimiento.*

Para preguntar cuándo suceden las cosas, el procedimiento más general, porque sirve para todos los casos, es el uso de una pregunta con cuándo:

¿Cuándo van a venir tus padres?

¿Cuándo me has visto?

 1. Di las preguntas que hace Manolo.

MODELO: — Manolo, van a venir mis padres.

— ¿Cuándo van a venir tus padres?

RECUERDA:

INTERROGATIVOS

¿Qué?	¿Cuánto?
¿Cuál?	¿Cómo?
¿Quién?	¿Dónde?
¿Cuándo? ☞ 4	

Manolo, van a venir mis padres.

La gasolina va a subir tres pesetas.

Te ha llamado el jefe.

Me voy a París, papá.

¿Cuándo?

Te he visto con Cecilia.

22. En invierno

¿A qué hora?

Así se pregunta por la hora en que sucede algo.

A las diez de la noche.
No sé. Por la noche.

Y así se puede contestar.

> FÍJATE:
>
> ¿Qué hora es? - Las diez.   **¿A** qué hora cenan? - **A** las diez.
>
> La palabra **a** es necesaria para hablar de la hora en que algo sucede.
>
> RECUERDA:
>
> A las diez **de** la mañana (hora).
>
> **Por** la mañana (parte del día).

2. Escucha y luego contesta a las preguntas.

1. ¿A qué hora desayunan los españoles?
2. ¿A qué hora toman la comida?
3. ¿Y la cena?
4. ¿Toman algo a las once de la mañana?
5. ¿Cuándo toman un bocadillo?

3. Completa con tu compañero/a esta conversación telefónica.

— … tardes.
— Buenas … ¿Qué desea?
— ¿… qué hora abren ustedes?
— Por la mañana, a las diez … …, y … la tarde, … … cuatro y …
— ¿Y a … hora cierran?
— … la mañana, … … dos menos cuarto, y por la tarde, a las … y …
— Gracias. Buenas …
— De nada. Adiós.

● ●

III

— **¿Qué día vuelve Carmen?**

Así se pregunta por el día en que sucede algo.

— **El sábado./El doce de julio.**

Y así se contesta.

> El día en que suceden las cosas (sea del mes o de la semana) va introducido por el o los:
>
> **El** cuatro empiezan las fiestas.   **Los** sábados no trabajo.
>
> Compare con la fecha del día:
>
> Hoy es cuatro.   Ayer fue jueves.

4. Mira la agenda de Pepe del mes pasado y contesta a las preguntas.

```
ABRIL
 1 Lunes
 2 Martes
 3 Miércoles   EXAMEN
 4 Jueves
 5 Viernes
 6 Sábado
 7 Domingo
 8 Lunes   CENA CON FRANCISCO
 9 Martes
10 Miércoles
11 Jueves
12 Viernes
13 Sábado
14 Domingo
15 Lunes   VIAJE A BURGOS

16 Martes
17 Miércoles
18 Jueves
19 Viernes   FIESTA DE LUCÍA
20 Sábado
21 Domingo
22 Lunes
23 Martes
24 Miércoles
25 Jueves
26 Viernes
27 Sábado
28 Domingo
29 Lunes
30 Martes
```

1. ¿Cuándo hizo Pepe el examen?

2. ¿Qué hizo el día 15?

3. ¿Vio a Lucía el sábado de esa semana?

4. ¿Qué día cenó con Francisco?

5. ¿Qué día del mes de octubre dio Lucía una fiesta?

6. ¿El día del examen era viernes?

5. Cuenta lo que hiciste cada día de la semana pasada. Pregúntaselo también a tus compañeros/as.

● ●

IV

— ¿En qué año fueron los Juegos Olímpicos de Barcelona?

Así se pregunta por el año en que sucede algo.

— En 1992.

Y así se indica.

MESES DEL AÑO

Enero
Febrero ⎤
Marzo ⎤
Abril — la primavera
Mayo ⎦
Junio ⎤
Julio — el verano
Agosto ⎦
Septiembre ⎤
Octubre — el otoño
Noviembre ⎦
Diciembre ⎤ el invierno

La palabra en sirve con mucha frecuencia para la localización temporal de los hechos. Se utiliza para indicar el año:

Picasso nació **en** 1881.

En 1992, los Juegos Olímpicos fueron en Barcelona.

Y también para el mes, la estación del año y períodos señalados como la Navidad, las vacaciones, la Semana Santa, etc.:

Normalmente voy a Barcelona

en mayo.
en verano.
en Navidad.
en vacaciones.

6. Pregunta a tus compañeros/as con ¿cuándo? o ¿en qué mes? o ¿en qué estación?, se hacen normalmente estas cosas. Ellos/Ellas te contestarán.

1. ir a la playa

2. tomar el sol en bañador

3. ponerse abrigo

4. esquiar

5. jugar con la nieve

6. ponerse pantalones cortos

7. acostarse tarde por la noche

8. ver flores en el campo

22. En invierno

(V) **Picasso nació el 25 de octubre de 1881.**   *Así se dice la fecha.*

Madrid, 14 de febrero de 1993.   *Y así se escribe una fecha.*
14/2/1993.

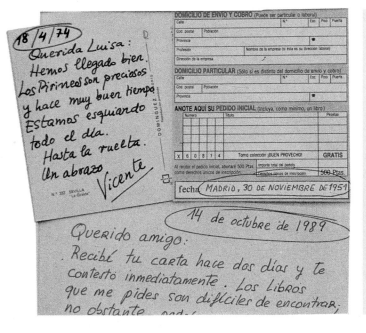

Cuando se dicen el día, el mes y el año en que sucede algo, deben aparecer las palabras el y de. Observa la construcción entera y fíjate también en el orden (día - mes - año):

— ¿Cuándo escribió Vicente la postal?

— **El** 18 **de** abril **de** 1974.

Observa, en cambio, que la fecha del día en cartas, postales, documentos, periódicos, etc., va sin la palabra el:

14 de octubre de 1989.

Madrid, 30 de noviembre de 1951.

Y puede ir abreviada, pero **no varía el orden** de los elementos:

14/10/1989.   14/10/89.

7. Contesta.

1. ¿En qué año murió Picasso?

2. ¿Qué día llegó el hombre a la Luna?

3. ¿Cuándo fue Camilo José Cela premio Nóbel de Literatura?

4. ¿Y Octavio Paz?

5. ¿En qué año nació Maradona?

6. ¿Cuándo naciste tú?

RESUMEN

¿Cuándo?

AYER	HOY	MAÑANA
ayer por la mañana	esta mañana	mañana por la mañana
la semana pasada	esta semana	la semana que viene/la semana próxima
el mes pasado	este mes	el mes que viene/el mes próximo
el año pasado	este año	el año que viene/el año próximo

	el 28
a las cuatro	**el** 28 **de** diciembre **de** 1975
a las cuatro **de** la tarde	**en** diciembre
por la tarde	**en** invierno
	en 1975

☞ 11.1

TRANSCRIPCIÓN DE LOS DIÁLOGOS DEL VÍDEO

PRIMERA PARTE

Presentación

PRESENTADOR: Buenos días. Hoy estamos en los Pi…

JOVEN: Por favor, ¿qué día es hoy? ¿10? Es que…

PRESENTADOR: Sí, 10 de febrero, sábado.

JOVEN: ¿Sábado?

PRESENTADOR: Sí, sábado, 10 de febrero.

JOVEN: Gracias.

PRESENTADOR: Hoy es sábado, 10 de febrero de 1990.

CHICA JOVEN: Oiga, por favor. ¿Qué día empieza el curso de esquí?

PRESENTADOR: ¿Qué?

CHICA JOVEN: Que cuándo empieza el curso de esquí.

PRESENTADOR: ¡Ah! El próximo lunes 12 de febrero. Mire.

CHICA JOVEN: ¡Ah, es verdad! Gracias.

PRESENTADOR: De nada. Estamos en los Pirineos.

2ª CHICA JOVEN: Por favor, ¿a qué hora son las clases de esquí?

PRESENTADOR: A las nueve y media de la mañana. Y por la tarde, a las tres.

2ª CHICA JOVEN: Gracias.

NIÑO: Oiga, profesor. ¿Cuándo empiezan sus clases?

PRESENTADOR: ¿Mis clases? ¿Qué clases?

NIÑO: Las clases de esquí.

PRESENTADOR: No, yo no… Hasta luego.

Telecomedia

JUAN: Entonces, el curso de esquí ya ha empezado, ¿no?

MONITORA: Sí.

JUAN: ¿Y cuándo empezó?

MONITORA: La semana pasada. El día 1. Y termina el día 12.

JUAN: El domingo.

MONITORA: Sí, el próximo domingo 12 de febrero.

JUAN: ¿Y a qué hora son las clases?

MONITORA: Mire. Por la mañana, empiezan a las nueve y media, y por la tarde, a las tres.

JUAN: Muy bien, muchas gracias.

MONITORA: De nada.

JUAN: Carmen, corta.

MONITORA: ¿Tú sabes esquiar?

JUAN: ¡No!

MONITORA: ¿No?

JUAN: Yo nací en verano. En agosto. Y necesito sol, calor… Y la nieve…

MONITORA: Hombre, en agosto. ¿Y qué día?

JUAN: El 6 de agosto.

MONITORA: ¡El 6 de agosto, como yo!

JUAN: ¿El 6 de agosto de 1954?

MONITORA: No, hombre, no. ¡El 6 de agosto de 1960! ¡Eres Leo como yo!

MONITOR: Perdona.

CARMEN: No es nada.

MONITOR: ¿Nos conocemos?

CARMEN: No creo.

MONITOR: ¿Vienes por el curso de esquí?

CARMEN: Sí.

MONITOR: ¿Cuándo has llegado?

CARMEN: Esta mañana.

MONITOR: Yo soy monitor. ¿Por qué no vienes a mi clase? Empezamos a las tres.

CARMEN: No, yo no… Oye, sí. Voy a tu clase.

MONITOR: ¿Entonces a las tres?

CARMEN: ¡A las tres!

MONITOR: Hasta luego.

CARMEN: Hasta luego. ¿Dónde dan las clases de esquí?

JUAN: Allí arriba. Por la tarde empiezan a las tres.

CARMEN: Ah.

JUAN: ¿Tú qué vas a hacer esta tarde?

CARMEN: Nada, descansar… ¿Y tú?

JUAN: Yo nada, tampoco. Voy a quedarme en el hotel.

CARMEN: Ah, muy bien.

JUAN: ¿Nos vemos en la cena?

CARMEN: ¿A qué hora es?

JUAN: A las nueve, creo.

CARMEN: Entonces, a las nueve.

JUAN: Muy bien.

SEGUNDA PARTE

Presentación

PRESENTADOR: ¡Muy bien! ¡Qué bonito! ¿Se llama así, Jordi?

NIÑO: Sí, pero se pronuncia ''Yordi''.

PRESENTADOR: Ah, claro, ''Yordi'', es catalán.

NIÑO: Claro.

PRESENTADOR: En catalán, esto no se pronuncia Jordi. Entonces, sois catalanes, ¿no?

NIÑA: Sí. De Barcelona.

PRESENTADOR: ¿Y vivís aquí?

NIÑA: No, estamos de vacaciones.

PRESENTADOR: ¿Dónde os alojáis?

NIÑO: En ese hotel.

PRESENTADOR: ¡Vaya! ¡Se alojan en el Hotel Formigal! Yo también. Así Jordi no tiene frío. Hasta luego.

Telecomedia

CARMEN: ¡Juan!

JUAN: ¡Carmen!

CARMEN: ¿Qué haces aquí?

JUAN: Nada, nada.

CARMEN: Yo voy a aprender a esquiar. Lo he pensado en la habitación.

MONITORA Y MONITOR: Hola.

MONITORA: ¿Os conocéis?

MONITOR: ¿Os conocéis?

JUAN: Juan Serrano.

MONITOR: José Miguel Martín.

CARMEN: Carmen Alonso.

MONITORA: Yo, Cecilia.

22. En invierno

CARMEN: ¿Cómo se pronuncia tu apellido?
JUAN: ''Puch''.
CARMEN: Qué bien lo pronuncias.
JUAN: Soy profesor de lengua.
CARMEN: Ya.
MONITOR: Vamos.
MONITORA: Vamos.
JUAN: Yo no subo.
MONITORA: ¿Qué?
JUAN: Me voy a mi habitación.
MONITORA: A ver, ¿dónde estás? ¿En el hotel?
JUAN: Sí, estoy en el hotel de la estación.
MONITORA: Eso está muy lejos. Vamos, ánimo.
JUAN: No.
MONITORA: Vamos.
JUAN: Que no, que no.

MONITORA: Cierra los ojos.
JUAN: Pero entonces me caigo.
MONITORA: Que no te caes, hombre.
JUAN: ¡Socorro, socorro, socorro! ¡No, no! Odio el invierno. Odio la nieve. Desde el 6 de agosto de 1954. ¿Eh?
CARMEN: Guauuu.
JUAN: ¿Carmen? ¡Carmen!
CARMEN: Guau, guau.
JUAN: ¡Carmen!
MONITORA: Carmen no, Cecilia.
JUAN: Cecilia... Cecilia...
MONITORA: ''Puch''... Se pronuncia ''Puch''. Y esto, se pronuncia ''bofetón'': ''bo'' - ''fe'' - ''tón''.

PRESENTADOR: Adiós. Hasta el próximo programa.

AHORA YA PUEDES...

preguntar por el momento de un acontecimiento:	¿Cuándo vienen tus padres?
hablar de la hora en que sucede algo:	— ¿A qué hora viene? — A las cuatro y media. — No, a las seis de la tarde.
y decir en qué parte del día sucede algo:	Por la mañana. Por la tarde. Por la noche.
preguntar o indicar el día en que sucede algo:	— ¿Cuándo? — El 12 de octubre de 1492. — ¿Qué día? — El jueves.
hacer otras localizaciones temporales:	En 1991. En agosto. En verano. La semana pasada. El mes que viene.
decir la fecha completa:	Hoy es 8 de noviembre de 1993.
poner la fecha completa en un escrito:	8 de noviembre de 1993. Madrid, 8 de noviembre de 1993. 8/10/1993.

23 Que vienen los primos

Al final de esta unidad podrás justificar por qué haces un ruego, una invitación o un aviso, serás capaz de hablar de tus planes y de cómo viajar.

I   **Paga tú, que yo no tengo dinero.**   *Así se justifica una petición.*

> Para justificar una petición de ayuda, una recomendación, una prohibición, etc., se añade **que** delante de la explicación:
>
>   Paga tú, que no tengo dinero.
>   Échame una mano, que pesa mucho.
>   No salgas hoy, que hace frío.
>
> **Recuerda la diferencia entre justificar la recomendación y justificarse, es decir, dar una explicación disculpándose:**
>
>   Lo siento, he llegado tarde. Es que hay mucho tráfico.

23. Que vienen los primos

1. Escucha y relaciona una frase de la izquierda con una de la derecha.

MODELO: 1. Espere un momento, que está hablando por teléfono.

1. Espere un momento,   a. la cerveza es muy mala.

2. Cuidado con el perro,   b. la he visto yo y es muy mala.

3. Pásame la sal,   c. está hablando por teléfono.

4. En este bar no entramos,   d. es muy grande.

5. Ve más despacio,   e. hay mucho tráfico.

6. No vayas a ver esa película,   f. aquí no hay.

2. Justifica lo que dices, según las distintas situaciones. Para ello, usa el elemento apropiado de cada columna.

Perdón, ¿cuánto?		vamos a llegar tarde.
No comas eso,	que	tenemos prisa.
Date prisa,	que no	vas a engordar.
¿Qué hora es, por favor?	Es que	he dejado el reloj en el coche.
No corras,	Es que no	he oído bien.

1. Vas a ir con una amiga al cine. Como tarda en arreglarse, le pides que se dé prisa.

2. Estás comprando y preguntas el precio, pero no oyes bien la respuesta porque hay mucho ruido. Pide que te lo repitan y discúlpate.

3. Estás en la playa, has dejado el reloj en el coche y quieres saber la hora, así que preguntas a la persona que tienes al lado.

4. La persona que te acompaña tiene unos kilos de más. Pero no puede resistirse ante unos pasteles. Intenta disuadirla.

5. De regreso a casa tu acompañante conduce el coche a toda velocidad.

● ●

II   **Esta tarde voy a ir al cine.**   *Así se expresan planes y proyectos.*

¿Qué vas a hacer esta tarde?   *Y así se pregunta por ellos.*

La estructura voy a + infinitivo que ya conoces para decir qué va a suceder en el futuro resulta, lógicamente, muy útil para hablar de los planes:

     Este verano voy a ir a Canarias.

3. Habla con tus compañeros/as de vuestros planes para el próximo fin de semana.

III

— **¿A cuánto está Málaga?**   *Así se pregunta la distancia.*

— **A unos 400 kilómetros.**   *Y así se contesta.*

— **¿Y cómo vas a ir?**   *Así se pregunta qué medio de transporte se va a utilizar.*

— **En mi coche.**   *Y así se contesta.*

Para preguntar por la distancia se usa ¿A cuánto está...? o ¿A cuántos kilómetros está...? y el nombre del lugar. Responde con a:

— ¿A cuántos kilómetros está Barcelona?

— A seiscientos cincuenta.

— ¿A cuánto está Salamanca de Madrid?

— Salamanca está **a** doscientos diez kilómetros **de** Madrid.

Si la distancia es aproximada, se usa unos o aproximadamente:

Salamanca está a unos doscientos kilómetros de Madrid.

Salamanca está aproximadamente a 200 kilómetros de Madrid.

Para preguntar por los posibles medios de transporte se usa cómo:

¿Cómo se puede ir a Mallorca?   ¿Cómo vamos a ir a Madrid?

Se contesta con en + nombre del medio de transporte, salvo que el destino esté tan cerca que sea mejor ir a pie o andando:

— ¿Cómo vamos a ir al centro?

— En coche, en taxi, en metro, ... o a pie. Está muy cerca.

4. Escucha la historieta y luego represéntala con un/a compañero/a.

23. Que vienen los primos

5. Habla con tu compañero/a.

MODELO: 1. A: ¿Cómo se puede ir a Madrid?

B: En tren, en autobús y en avión.

1. A Madrid    2. A Málaga

3. Al centro   4. A la playa

6. Fíjate en el cartel de la agencia de viajes y entra para informarte. Tu compañero/a te contesta.

MODELO: A: ¿Cómo se puede ir a Madrid?

B: ¿A Madrid? En autobús, en tren y en avión.

A: El avión es muy caro. ¿A qué hora hay trenes para Madrid?

B: A las 7, a las 12, a las 5 de la tarde y a las 10 de la noche.

7. Con la ayuda del gráfico de la página 41 del Cuaderno de Actividades (ejercicio 1) dices una distancia aproximada. Tu compañero/a te la dice con exactitud.

MODELO: A: Málaga está a unos mil kilómetros de San Sebastián.

B: Málaga está a mil trece kilómetros de San Sebastián.

8. Habla con tu compañero/a de la distancia que hay entre dos puntos próximos de vuestra ciudad.

MODELO: A: ¿A cuánto está la estación de la escuela?

B: A unos quinientos metros, creo.

TRANSCRIPCIÓN DE LOS DIÁLOGOS DEL VÍDEO

PRIMERA PARTE

Presentación

PRESENTADOR: Hola. ¿Qué van a hacer hoy? ¿Nada? Vamos a dar un paseo por Madrid.

CAMARERO: ¿Qué prefiere, salmón, queso o jamón?

PRESENTADOR: Queso, gracias. Yo prefiero queso. Y usted, ¿qué prefiere? Un momento, por favor. ¿Cómo se puede ir a la estación de Atocha?

CAMARERO: En autobús. Ahí enfrente tiene el 27. Le deja en la puerta. Y también puede ir andando. Está cerca.

PRESENTADOR: ¿Por dónde se va?

CAMARERO: Siga todo recto y al final del paseo, tuerza a la izquierda.

PRESENTADOR: ¿Han entendido? Siga todo recto y al final de la calle, tuerza a la izquierda. Gracias. ¿Y dónde hay un buzón?

CAMARERO: Allí.

PRESENTADOR: Gracias.

Telecomedia

CARLOS: ¡Hola! ¿Está Juan?

CARMEN: ¿Juan?

QUIQUE: Sí, somos sus primos. ¡Los del pueblo!

CARMEN: Ah, hola. ¿Qué hacéis aquí?

CARLOS: ¿Ésta no es la casa de Juan?

CARMEN: No, Juan no vive aquí. Juan vive en... Pasad, pasad. Vamos a llamarlo por teléfono. ¿Y eso?

QUIQUE: Ya sabes. Cosas de la abuela.

CARMEN: ¿Y... Juan os espera?

QUIQUE: Sí, claro.

CARLOS: ¡Juan!

CARMEN: ¿Juan?

QUIQUE: Es que... se llama Juan. Cosas de la abuela.

CARMEN: No contesta.

CARLOS: ¿Cómo se puede ir a casa de Juan?

CARMEN: En un autobús. Hay una parada en esta calle. O podéis coger el metro. Es igual. Os llevo en mi coche.

QUIQUE: ¡Para, para! ¡Para un momento! Voy a hacer una foto.

CARLOS: Y ahora, ¿a dónde vas?

CARMEN: Vamos a tomar algo.

CARLOS: Quique, ¿qué prefieres, el queso o la tortilla?

QUIQUE: Me da igual. Tú, ¿qué prefieres?

CARLOS: Tortilla. Voy a pedir un poco de lechuga para Juan.

CARMEN: ¡Juan!

CHICO: ¿Por dónde se va al museo del Prado?

CARMEN: Siga usted por este paseo y luego tuerza a la izquierda.

CHICA: ¿Por dónde?

CARMEN: ¿Ve usted aquel coche rojo? ¡Mi coche! ¡Mi coche! ¡Mi coche!

QUIQUE: ¡Juan, Juan!

CARMEN: No está en casa.

CARLOS: No, ¡el conejo! ¡el conejo!

SEGUNDA PARTE

Presentación

PRESENTADOR: Señoras, cuidado, que...

SEÑORA 1: ¿Qué vas a hacer este fin de semana?

SEÑORA 2: Vamos a ir a Toledo.

SEÑORA 1: Pero eso está lejos, ¿no?

SEÑORA 2: No.

SEÑORA 1: ¿A cuánto está?

SEÑORA 2: A unos ochenta kilómetros.

SEÑORA 1: ¡Huy, muy lejos!

SEÑORA 2: No, mujer, a una hora.

SEÑORA 1: ¿A una hora?

SEÑORA 2: Bueno, a una hora y media, más o menos.

PRESENTADOR: Cuidado, que las va a mojar. Hasta luego.

Telecomedia

CARLOS: Y ahora, ¿qué hacemos?

CARMEN: Ir al Depósito Municipal y recoger el coche. ¡Taxi!

TAXISTA: ¡Vaya!

CARMEN: Al Depósito Municipal de coches, por favor. Pero, ¿a cuánto está el Depósito?

TAXISTA: Está a unos diez minutos de aquí.

QUIQUE: Esto es el Retiro, ¿verdad?

TAXISTA: Cuidado, que pasan coches.

QUIQUE: Dame la cámara, que voy a hacer una foto.

CARMEN: ¿Cuántas fotos quedan?

QUIQUE: Unas ocho.

TAXISTA: Vamos, que se pone verde.

QUIQUE: Espera.

CARMEN: ¡Quique! Carlos, vete con Quique. Esperadme en el Palacio de Cristal. Está a unos doscientos metros de la entrada.

CARLOS: De acuerdo.

QUIQUE Y CARLOS: ¡Juan!

JUAN: ¡Ahí va! ¡Pero bueno!

CARLOS: Aquí estamos.

CARMEN: ¡Juan, Juan!

JUAN: ¡Carmen!

CARMEN: ¡Tengo mucha prisa! Adiós.

QUIQUE: ¡Adiós, Carmen!

CARLOS: ¡Muchas gracias!

CARMEN: ¡Adiós!

QUIQUE: ¡Quieto!

PRESENTADOR: ¡Pobre Juan! Hasta pronto.

23. Que vienen los primos

AHORA YA PUEDES...

justificar una petición, un aviso, una invitación:	Paga tú, que no tengo dinero. Ten cuidado, que te vas a caer. Te invito a un café, que todavía es pronto.
expresar planes y proyectos: y preguntar por ellos:	Esta tarde voy a ir al cine. ¿Qué vas a hacer esta tarde?
preguntar por la distancia: y responder: indicar la distancia entre dos puntos:	— ¿A cuánto está Salamanca? — A doscientos diez kilómetros. Salamanca está a doscientos diez kilómetros de Madrid. Está a unos doscientos kilómetros.
preguntar por los medios de transporte para ir a un sitio: y responder:	¿Cómo se puede ir a Málaga? ¿Cómo vamos a ir a Madrid? En coche. A pie. Andando.

24 Me gusta Sevilla

Al final de esta unidad serás capaz de hablar de los gustos y de pedir o dar una opinión sobre algo que acabas de probar.

I **Le gustan los coches.**

¿Le gustan los coches?

Así se indican los gustos de alguien.

Y así se pregunta por ellos.

Me	
Te	
Le	gusta la televisión.
Nos	gusta**n** lo**s** barco**s**.
Os	
Les	☞ 13

Para hablar de los gustos o de las aficiones habituales se usa el verbo gustar:

Me gustan los barcos.   No les gusta la televisión.

Se pueden expresar los gustos con grados diversos:

VALORACIÓN POSITIVA

+ Me gusta bastante.

+ + Me gusta.

+ + + Me encanta.

+ + + + Me gusta muchísimo.

VALORACIÓN NEGATIVA

– Me gusta poco.

– – No me gusta.

– – – No me gusta nada.

24. Me gusta Sevilla

1. Pregunta a tus compañeros/as si les gustan estas cosas.

MODELO: A: ¿Te gusta el cine?

B: Sí, me encanta.

1. el cine	4. los deportes	7. los libros	10. el español
2. los pasteles	5. las fiestas	8. los coches	11. la lechuga
3. el café	6. la informática	9. el fútbol	12. el té

2. Escucha la casete y localiza en la carta los platos que se citan. Luego, vuelve a escuchar el ejercicio y responde sí, no, me encanta(n), no me gusta(n) nada, de acuerdo con tu opinión personal.

la cocina de gaudí

Entradas
Jamón ibérico
Ensalada mixta
Melón con jamón
Gazpacho

Especialidades
Gambas a la plancha
Tortilla española
Pollo asado
Filete de ternera
Filete de cerdo con huevo frito
Patatas fritas

Postres
Arroz con leche
Fruta del tiempo
Flan
Zumos variados
Queso manchego

Vino de la casa y cerveza

II

¿Qué te parecen las sillas?

Me encantan.
Son muy bonitas.
No me gustan nada.

Así se pide una opinión.

Y éstas son posibles respuestas.

Para preguntar a alguien su opinión sobre algo que acaba de conocer, se usan los verbos parecer y gustar:

¿Qué te parecen estas sillas? ¿Te gustan estas sillas?
¿Qué te ha parecido la película? ¿Te ha gustado la película?
¿Qué os parece mi amigo?

Se puede contestar con los verbos gustar, encantar y parecer:

¿Qué te parecen la sillas?
— Me encantan.
— No me gustan nada.
— Me parecen demasiado modernas.

Pero hay otras formas de responder: por ejemplo, enunciando las características o las cualidades de las personas o de las cosas:

— ¿Le gusta el café italiano? — ¿Qué le parece este coche?
— Sí, claro. Es estupendo. — Tiene un color feísimo.

¿Qué	te / le / os / les	parece este programa? / parecen las sillas?

☞ 13

3. Escucha y luego di qué opinan Carmen y Juan del vestido negro, y Manuel, de los zapatos.

4. Pregunta a tus compañeros/as la impresión que algunas personas o cosas les han causado.

MODELO: A: ¿Qué te parece el/la profesor/a?

B: Aburrido/a.

C: ¡Es estupendo/a!

(III) **Este vino está muy bueno.**
Está estupendo.

Así se puede dar la opinión sobre algo que se acaba de probar.

Las expresiones con estar son frecuentes para dar una opinión valorativa cuando se trata de impresiones ligadas a los sentidos del gusto y del tacto. Como es lógico, también se puede usar estar para pedir esa opinión:

— ¿Qué tal **está** hoy la sopa?

— **Está** muy sosa.

— ¿Cómo **está** el agua?

— **Está** muy fría, no te bañes ahora.

FÍJATE: **SER/ESTAR**

¿Qué tal **son** las naranjas?   pide información o consejo sobre la calidad de un producto antes de haberlo probado.

¿Qué tal **está** la naranja?   pide la opinión de alguien sobre la calidad de un producto que está probando en ese momento.   ☞ 14

5. Estás en el restaurante «La cocina de Gaudí», del ejercicio 2. Tu compañero/a te pide tu opinión sobre los diversos platos que vas probando. Contéstale con los adjetivos siguientes.

soso/a	salado/a	picante	amargo/a
rico/a	malo/a	ácido/a	dulce
duro/a	blando/a	estupendo/a	
frío/a	caliente	regular	

6. Pregunta a cada personaje su opinión. Tu compañero/a te contestará en su lugar. Puedes ayudarte con los adjetivos del ejercicio anterior.

MODELO (dibujo 1):

A: ¿Qué tal está la sopa?

B: Está sosa. ¿Me pasas la sal?

7. Las palabras de estas frases adaptadas de la Telecomedia están desordenadas. Con un/a compañero/a, representa el diálogo después de ordenar las palabras de cada frase.

CARMEN: Bueno, ¿qué parece bar este te?

JUAN: Mal está no.

MANUEL: ¿Gusta os el vino? Tres vinos.

JUAN: Oye, mucho vino este me gusta.

CARMEN: Ya veo.

JUAN: Que es estupendo vino un es.

MANUEL: Y el jamón, ¿parece te qué?

CARMEN: Un salado poco está.

JUAN: Mí gusta lo que me a el vino es.

8. Tu compañero/a te va a proponer un menú. Ningún plato está exactamente como a ti te gusta. ¡Quéjate!

MODELO: A: Tenemos unos entremeses estupendos.

B: Sí, pero el jamón siempre está muy salado.

24. Me gusta Sevilla

TRANSCRIPCIÓN DE LOS DIÁLOGOS DEL VÍDEO

PRIMERA PARTE

Presentación

PRESENTADOR: Buenas tardes.
CAMARERO: Buenas tardes; ¿qué va a tomar?
PRESENTADOR: Psss. Pues no sé...
CAMARERO: Vamos a ver. ¿A usted le gusta el vino?
PRESENTADOR: Me encanta. Sí, me gusta muchísimo.
CAMARERO: Pues hombre, en Sevilla, un fino, un jerez.
PRESENTADOR: Muy bien. Un fino. Sí, sí, un fino.

Telecomedia

CAMARERO: ¡Ramón!, que moja usted a los señores.
JARDINERO: Vaya, hombre. Es que... Perdonen ustedes.
JUAN: No se preocupe, no se preocupe...
CARMEN: ¡Puff! ¡Cómo me ha puesto!
JUAN: Bueno, pero la cámara no se ha mojado. ¡Qué bonito es esto! Me encanta.

MANUEL: No, así no... Así... ¡Carmen!
CARMEN: ¡Manuel!
MANUEL: ¡Qué alegría!
CARMEN: ¡Qué ganas de verte!

JUAN: ¡Ejem!
CARMEN: Ah, éste es Juan, mi compañero de trabajo.
MANUEL: Hola, ¿qué tal?
JUAN: Encantado.
MANUEL: Pero, ¿vas a poner eso ahí?
JUAN: Oye, ¿quién es ése?
CARMEN: Manuel. Un antiguo novio.
JUAN: ¿Qué?
CARMEN: Nada, un amigo.
MANUEL: ¡Pero bueno, qué guapa!
JUAN: Sí, muy guapa.
MANUEL: ¿Y qué, tú conoces Sevilla?
JUAN: No.
MANUEL: Bueno, ¿qué? ¿Os gustan los vestidos?
CARMEN: El negro es precioso, ¿verdad, Juan?
JUAN: Es muy bonito, sí. Y la modelo es... una maravilla.
MANUEL: Sí, una cara preciosa, ¿verdad?
CARMEN: A mí no me gusta. Demasiado delgada.
MANUEL: ¿Y esos zapatos? No. No me gustan nada.
JUAN: Pues a mí me encanta.
CARMEN: Demasiado delgada.

SEGUNDA PARTE

Presentación

CAMARERO: ¿Qué le parece?, ¿eh?
PRESENTADOR: Está estupendo. Está muy bueno. Me encanta Sevilla. Sobre todo, con este sol. ¡Oiga!
CAMARERO: Pero, Ramón, ¿otra vez?
JARDINERO: Huy, perdone usted.
PRESENTADOR: No se preocupe. También me gusta el agua. Hasta luego. Que lo pasen bien.

Telecomedia

CLIENTE: Tres cervezas y dos vinos.
CAMARERO DE LA BARRA: Tres cañas y dos finos.
CAMARERO: ¿Qué van a tomar los señores?
MANUEL: ¿Os gusta el vino? Tres vinos.
CAMARERO: Dame tres finos. ¿Les pongo algo de comer? Tengo jamón, queso, caña de lomo, espinacas, ...
MANUEL: Vale, vale. Tráiganos una ración de jamón y un poco de queso.
CAMARERO: Dame una de jamón; una de queso.
OTRO CAMARERO: Marchando.
CARMEN: Bueno, ¿qué te parece este sitio?
JUAN: No está mal.
MANUEL: Buen vino, ¿eh?
CARMEN: Mmmm. ¡Qué frío está!
JUAN: Está buenísimo.
MANUEL: ¿Te gusta el ''pescaíto frito''? ¿Nos trae una ración de frito?

JUAN: Y otro fino.
CARMEN: ¿Otro?
JUAN: Sí, me encanta.

JUAN: Oye, me gusta mucho este vino.
CARMEN: Ya veo.
JUAN: Es que es un vino estupendo.
MANUEL: Y el jamón, ¿qué te parece?
CARMEN: Está un poco salado.
JUAN: A mí lo que me gusta es el vino. ¡Por vosotros! Me gusta mucho tu amigo, Carmen, y me gusta mucho Sevilla, y me gusta muchísimo este bar. Y el jamón está buenísimo. Pero lo que más, lo que más, lo que más me gusta hoy es el vino. ¡Que lo paséis bien!

CARMEN: ¿Qué te parece Juan?
MANUEL: Es simpático.
CARMEN: Sí, pero hoy... ¿Dónde está? Vamos a buscarlo. ¡Juan, Juan, Juan! Juan. Nada, no contesta.

MANUEL: ¡Que duermas bien!
CARMEN: Que duermas bien. ¡Eh! ¡Eh!

PRESENTADOR: Que lo pasen bien. Hasta el próximo programa.

24. Me gusta Sevilla

AHORA YA PUEDES…

hablar de los gustos y aficiones:	— ¿Te gusta la televisión?
	— Me encanta.
	— ¿A usted le gusta el vino?
	— No, no me gusta nada.
	— A mí me gustan las naranjas.
	— ¿Les gusta el café solo?
	— Sí. Es estupendo.
pedir a otro una opinión sobre algo o alguien que acaba de conocer, ver, probar:	¿Qué os parece la película?
	¿Os gusta el profesor?
	¿Qué le parecen las gambas?
	¿Le gustan las gambas?
	¿Qué tal están las gambas?
	¿Cómo están las gambas?
y contestar:	Me encanta.
	Es malísima.
	Están muy buenas.
hacer una valoración de algo que acabas de probar:	El pastel está demasiado dulce.
	El agua está muy fría.

25 ¿Cuál quiere?

Al final de esta unidad podrás resolver efizcamente algunos problemas que se te presentarán al hacer compras y, en general, al elegir cosas.

I

— ¿Cuál quieres?

Así se pregunta qué cosa se desea cuando hay varias del mismo tipo.

— La que tú me compraste.

Y así se puede responder.

Recuerda que para identificar una cosa entre varias se usa qué. Si ya se ha mencionado la cosa o está a la vista, se puede usar cuál o cuáles:

— **¿Qué** corbata quieres?

— **¿Cuál** quieres?

Para responder se usa el que, la que, los que o las que seguidos de una descripción que permita al interlocutor reconocer el objeto al que uno/a se refiere, además de las otras formas que ya conoces:

— ¿Qué helad**o**?
— **El que** no tiene chocolate.

— ¿Qué libr**o**?
— **El** pequeño.

— ¿Qué películ**a**?
— **La que** vimos ayer.

— ¿Qué fald**a**?
— **La** roja.

— ¿Qué zapat**os**?
— **Los que** tú me has comprado.

— ¿Qué películ**as**?
— **Las de** Almodóvar.

— ¿Qué gaf**as**?
— **Las que** están encima de la mesa.

— ¿Qué calcetin**es**?
— **Los de** algodón.

25. ¿Cuál quiere?

¿Qué libr**o**?	— **El** que...
¿Qué películ**a**?	— **La** que...
¿Qué zapat**os**?	— **Los** que...
¿Qué gaf**as**?	— **Las** que...

☞ 5

Observa: se usa el que, la que, los que y las que, también para indicar a qué persona nos referimos:

— Luis es **el que está jugando ahora**.

— ¿Y Ana?

— **La que nos está mirando**.

1. Escucha y completa los diálogos.

¿Qué camisa? - ¿Cuál?

¿Qué zapat**os**? - ¿Cuá**les**? ☞ 4.b

1. — ¿Qué corbata se ha puesto?
   — La que Carmen ... ...

2. — ¿Qué autobús ha cogido?
   — ... ... va al centro.

3. — ¿Cuántas rosas ha comprado?
   — Una ...

4. — ¿Y qué tal la fiesta?
   — Ha sido ...

2. Mira la foto y cuenta quién es cada uno.

MODELO: Alberto es el que trabaja en un banco.

Alberto. Trabaja en un banco.

Dolores. Va a hacer una película.

Julián. Ya tiene dos hijos.

Hugo. Estudia en la universidad.

Victoria. Sabe ruso.

II

Ésta... ¿de qué es, de seda?

No señor. Es de algodón.

Ésta sí es de seda.

— ¿De qué es esta camisa?
— **Es de algodón**.

Así se pregunta y se dice de qué está hecho algo.

Para saber de qué materia está hecho algo, se pregunta con de o de qué y el verbo ser: **¿De qué es** eso?   Esa camisa, **¿es de** algodón?

También se responde o se indica de qué está hecho algo con la palabra de: La mesa es **de** cristal.   Esta camisa es **de** algodón.

Esta misma construcción se usa al hablar de platos y comidas:

Un filete **de** ternera.   ¿Te gusta el queso **de** cabra?

25. ¿Cuál quiere?

3. Pregunta a tu compañero/a de qué es cada objeto de la foto.

MODELO: A: ¿De qué son las monedas?   B: De metal.

OBJETOS	MATERIAS
bolso	cristal
billetes	lana
botella	madera
copa	metal
guitarra	papel
jersey	piel
mesa	plástico
monedas	oro
reloj	plata

— **¿Qué talla tiene usted?**   *Así se pregunta por la talla de la ropa.*

— **La 42.**   *Y así se contesta.*

— **¿Qué número tiene usted?**   *Así se pregunta por el número del calzado.*
— **¿Qué número calza?**
— **El 35.**   *Y así se contesta.*

Para comprar ropa y calzado las medidas se dicen así:

– Para la ropa:

— Quería una chaqueta.

— ¿Qué **talla** tiene usted?

— **La** cincuenta./Tengo la **talla** cincuenta.

– Para el calzado:

— ¿Qué **número** tiene usted?

— **El** cuarenta y uno./Calzo un cuarenta y uno.

4. Sé indiscreto/a y pregunta a tus compañeros/as por la talla de su ropa y el número de su calzado.

MODELO: A: ¿Qué talla tienes de chaqueta?

B: La 52. ¿Y tú?

A: También la 52.

25. ¿Cuál quiere?

IV

Mire, este filete está muy hecho.

Oiga, esta falda tiene una mancha.

Así se protesta por un servicio mal prestado.

Una manera sencilla, educada y frecuente de reclamar consiste en llamar la atención con mire u oiga, y en describir el problema:

Mire, la sopa está fría.   Oiga, el ascensor no funciona.

FÍJATE:

El ascensor funciona, y el teléfono, **también**.

El ascensor **no** funciona, y el teléfono, **tampoco**.

 5. Observa el dibujo y completa las reclamaciones de los clientes del hotel La Paz.

25. ¿Cuál quiere?

TRANSCRIPCIÓN DE LOS DIÁLOGOS DEL VÍDEO

PRIMERA PARTE

Presentación

DEPENDIENTE: ¿Qué número tiene usted?

PRESENTADOR: El 42. Hola, ¿qué tal? Seguimos en Sevilla, y hoy vamos a ir de compras.

PRESENTADOR: Tengo el número 42. Me gustan. ¿Puedo ver también aquellas botas?

DEPENDIENTE: ¿Cuáles quiere, las negras o las marrones?

PRESENTADOR: Las negras.

DEPENDIENTE: Un momento.

PRESENTADOR: Estos valen 6.995 pesetas. Y éstas valen 14.680 pesetas. ¿Qué me llevo, los zapatos o las botas? ¿Las botas? Muy bien. Me llevo las botas. Oiga, mire, estas botas son viejas.

DEPENDIENTE: ¿Qué? Imposible.

PRESENTADOR: Pues, mire...

SEÑOR: ¡Ésas son mis botas!

PRESENTADOR: ¡Perdón!

Telecomedia

CARMEN: ¡Juan! ¡Juan! ¡Juan!

JUAN: No estoy.

CARMEN: Bueno, bueno, venga. Levántate. Vamos a trabajar.

JUAN: Me duele la cabeza. Ayer bebí mucho. Un poco de hielo, por favor.

CARMEN: La nevera no funciona.

JUAN: Entonces no me levanto.

CARMEN: ¡A la ducha!

JUAN: Quiero aspirinas.

CARMEN: ¿Cuántas?

JUAN: Millón y medio.

CARMEN: ¿Qué camisa vas a llevar? ¿La azul... o la verde?

JUAN: Ninguna. Me vuelvo a la cama.

CARMEN: ¿Y estos zapatos? ¿Son tuyos? Pero, ¿qué número tienes?

JUAN: El 43.

CARMEN: ¿Qué pasa?

JUAN: ¡El agua caliente no funciona!

JUAN: ¿Oiga?... Mire: la nevera no funciona; no hay agua caliente... ¡Qué hotel!

CARMEN: Pero Juan...

JUAN: Esa música es horrible.

MANUEL: Pues a mí me gusta. ¿Por qué no vamos de compras?

JUAN: Yo me voy a dormir.

CARMEN: Sí, vamos de compras. ¿Hay alguna tienda típica por aquí?

MANUEL: Venid conmigo.

CARMEN: ¡Qué flores más bonitas!

MANUEL: ¿Te gustan? ¿Qué precio tienen?

FLORISTA: La docena de rosas, 3.500 pesetas. Éstas, 1.750 pesetas; y ésas, 2.325 pesetas.

MANUEL: ¿Cuáles quieres? ¿Las rosas?

CARMEN: Bueno, pero sólo una.

FLORISTA: ¿Cuál prefiere, señorita?

CARMEN: La roja.

MANUEL: ¡Taxi!

SEGUNDA PARTE

Presentación

PRESENTADOR: ¿Me enseña aquella camiseta? La roja, la que tiene el dibujo. ¿De qué talla es?

DEPENDIENTE: Ésta es de la talla 46. Es la suya, ¿no? ¿Qué talla tiene usted?

PRESENTADOR: Sí, sí, la 46, Tengo la talla 46. ¿De qué es?

DEPENDIENTE: Es de algodón. Mire. Muy buena calidad. Toque, toque. Muy buena calidad.

PRESENTADOR: Es bonita, ¿eh?

SEÑORA: Sí, muy bonita. Me la llevo.

PRESENTADOR: Oiga, que no...

SEÑORA: Me gusta, me gusta mucho. Es de algodón, ¿no?

PRESENTADOR: Pero...

SEÑORA: Me la llevo, me la llevo.

PRESENTADOR: Bueno... Pues hasta ahora.

Telecomedia

JUAN: ¿De qué es eso?

VENDEDORA: ¿Esto?

JUAN: No, el plato que está a la derecha.

VENDEDORA: Es de cerámica. ¿Qué le parece? ¿Le gusta? Sólo vale 2.535 pesetas.

CARMEN: ¡Juan, Juan!

CARMEN: ¿Qué haces con esto?... ¿Qué haces con esto?

JUAN: Carmen, vámonos, por favor. ¿Dónde está Manuel?

CARMEN: ¿Manuel?

JUAN: Mira, está allí.

MANUEL: Chicos, ésta es mi mujer, Isabel. Ésta es Carmen.

CARMEN: Encantada.

ISABEL: ¿Qué tal? Manuel me ha hablado mucho de ti.

CARMEN: ¿Estás casado?

JUAN: Sí, claro. ¿No lo ves?

MANUEL: Ah, perdona. Éste es Juan, un compañero de Carmen.

ISABEL: Encantada.

CARMEN: ¡Qué vestidos más bonitos!

ISABEL: ¿Qué talla tienes?

CARMEN: La 38.

ISABEL: Ése es de la 40. Los de la talla 38 están ahí.

CARMEN: ¿Os gusta?

MANUEL: Guapísima. ¿Qué te parecen? Bonitas, ¿eh? Son de cuero auténtico. ¿Qué número tienes?

JUAN: El 43.

ISABEL: Pruébate ésas, las que tiene Manuel en la mano.

JUAN: Son un poco pequeñas, ¿no?

MANUEL: Que no, hombre. A ver, levántate.

CARMEN: Son preciosas.

JUAN: ¡Son pequeñas!

PRESENTADOR: Adiós. Hasta luego.

25. ¿Cuál quiere?

AHORA YA PUEDES...

preguntar qué desea alguien cuando hay varias cosas del mismo tipo:	¿Cuál quiere? ¿Qué corbata quieres?
y señalar una cosa entre varias:	La que me compraste tú. La verde. La de la izquierda.
preguntar de qué está hecho algo y decirlo:	— ¿De qué es eso? ¿Es de lana? — No, es de algodón.
precisar el número del calzado:	— ¿Qué número tiene usted? — El cuarenta.
y la talla de la ropa:	— ¿Qué talla tienes? — La treinta y ocho. Una falda de la talla cuarenta.
protestar por un servicio mal prestado:	Mire, este filete está muy hecho. Oiga, esta falda tiene una mancha.

26 Bailábamos, bailábamos, bailábamos

En esta unidad aprenderás a hablar de lo que era habitual en el pasado, de tus preferencias, y del destinatario de algo.

I   **Vivían en el campo.**

Hablaban la misma lengua.

Así se habla de lo que era habitual en el pasado.

El hombre y la mujer de Neanderthal…

vivían en el campo,

bebían el agua de los ríos,

hablaban la misma lengua.

Pero un día conocieron el fuego y la rueda…

viven en ciudades como ésta,

y aprenden idiomas.

26. Bailábamos, bailábamos, bailábamos

Para hablar de lo que las personas hacen habitualmente se usa:

AHORA: Presente

Viven en ciudades.

Beben cerveza.

Aprenden idiomas.

EN EL PASADO: Imperfecto

Vivían en el campo.

Bebían agua.

Hablaban la misma lengua.

PRETÉRITO
IMPERFECTO

HABL**AR**

habl**aba**	habl**ábamos**
habl**abas**	habl**abais**
habl**aba**	habl**aban**

BEB**ER**

beb**ía**	beb**íamos**
beb**ías**	beb**íais**
beb**ía**	beb**ían**

VIV**IR**

viv**ía**	viv**íamos**
viv**ías**	viv**íais**
viv**ía**	viv**ían**

☞ 6.3

1. ¿Recuerdas a Marta? ¿Qué hacía cuando la conocimos?

1. levantarse a las 7:30 2. ducharse 3. desayunar 4. llegar a la oficina a las 9

5. comer en casa 6. por la tarde, estudiar 7. cenar a las 10:30 8. acostarse a las 12

2. ¿Has cambiado tus costumbres? Di qué hacías a los 12 años y qué haces ahora cuando...

MODELO: 1. Ahora, cuando tengo dinero me compro discos, pero entonces me compraba caramelos.

1. Tienes dinero.
2. Es domingo y hace bueno.
3. Sales de casa por la mañana.
4. Hay una buena película en la televisión por la noche.
5. Tienes sed.

3. Di cosas que hacías en un período más o menos largo de tu vida. Tus compañeros/as tratan de averiguar cuándo era.

MODELO: TÚ: ¿Cuándo hacía yo esto?

Me levantaba a las 11, iba a la playa, comía en un restaurante...

TUS COMPAÑEROS/AS: En vacaciones. En agosto.

¡ATENCIÓN!

IR ➡ imperfecto: iba

II

La merluza es para mí.

Así se indica el destinatario de algo.

¿Para quién es el filete, por favor?

Y así se pregunta.

Creo que el filete es para ti.

Así se indica que uno no está totalmente seguro de algo.

Esto es para usted. Tenga. Y esto para ti. Toma guapo.

Se usa para cuando se quiere indicar el destinatario de una cosa. Aunque resulta muy frecuente la construcción con ser, caben también otros verbos. La pregunta correspondiente se hace con ¿para quién?:

— **¿Para quién** es el filete?

— Es **para** mí.

Esas flores son **para** mi hermana.
Han traído este paquete **para** Carmen.
Han dejado un aviso **para** usted.

La construcción con para se usa con mucha frecuencia en el acto de entregar algo; en ese caso, la entrega de un objeto se acompaña habitualmente con expresiones como:

Toma./Tome.   Ten./Tenga.   Aquí tienes./Aquí tiene.

La forma creo o creo que indica que uno no está totalmente seguro de que lo que dice sea cierto:

— ¿Esto es para mí?
— Creo que sí.
— ¿Para quién es esto?
— Creo que para mí.
Esto es para mí, creo.

Observa que creo que se coloca delante y creo detrás.

PRONOMBRES PERSONALES CON PREPOSICIÓN

para **mí**
para **ti**
para **usted**
para **él/ella**
para **nosotros/nosotras**
para **vosotros/vosotras**
para **ustedes**
para **ellos/ellas**

☞ 2

4. Completa el diálogo con las palabras del recuadro.

Para	yo	carta
Tenga	mí	usted

HOMBRE: ¿Hay algo para …?

CARTERO: Sí, una carta y un paquete.

MUJER: ¿Y …? ¿Tengo algo?

CARTERO: No, lo siento, doña Rosa. … … no hay nada.

Ah, espere, espere. Esta … es para su hijo. … .

26. Bailábamos, bailábamos, bailábamos

5. Escucha y escribe en cada etiqueta el nombre del destinatario. Luego, di para quién es cada regalo.

MODELO: El regalo 1 es para David, el hermano de Carmen.

● ●

III

Me gusta más la radio que la televisión.

¿Qué te gusta más, la radio o la televisión?

Así manifiesta uno sus preferencias.

Y así pregunta por las de otra persona.

> Cuando se trata se trata de elegir entre dos o más cosas, se usa el verbo gustar acompañado de las palabras más, menos o de las construcciones con más ... que, menos ... que:
>
> — ¿Qué te gusta más, el café o el té?   — Me gusta más el café.
> El té me gusta menos.   Me gusta más el fútbol que el tenis.
> También se puede usar preferir:
> Prefiero el cine.   ¿Qué prefieres, el fútbol o el tenis?

6. ¿Qué pregunta puede corresponder a cada respuesta?

MODELO: 1. — ¿Qué te gusta más, marzo o julio?
  — Julio.

1. — ¿...?
 — Julio.

3. — ¿...?
 — El domingo.

5. — ¿...?
 — España.

2. — ¿...?
 — El fútbol.

4. — ¿...?
 — El calor.

6. — ¿...?
 — Las naranjas.

TRANSCRIPCIÓN DE LOS DIÁLOGOS DEL VÍDEO

PRIMERA PARTE

Presentación

PRESENTADOR: Hola.

HOMBRE: ¡Luis!

PRESENTADOR: ¿Sí?

HOMBRE: Toma.

PRESENTADOR: ¿Y esto? ¿Es para mí? Oye, ¿para quién es esto?

HOMBRE: Para ti. ¿No vas a ver el Palacio de Lebrija?

PRESENTADOR: Ah, sí, gracias. ¿Se puede entrar ahora?

HOMBRE: Creo que sí.

PRESENTADOR: Pues no. No se puede.

HOMBRE: Sí, mira. Adiós.

PRESENTADOR: ¿Entramos?

Telecomedia

CARMEN: Dame eso, por favor.

JUAN: Toma, aquí tienes. ¿Demasiada luz todavía?

CARMEN: Creo que sí.

JUAN: Entonces, ¿quieres las fotos de noche?

CARMEN: Sí, vamos a esperar un poco. Este lugar... tiene algo.

JUAN: ¿Cómo algo?

CARMEN: Toma. Sí. Hay algo... no sé..., en el ambiente...

SEÑORA: ¿Para quién es esto?

JUAN: Es para ti, ¿no?

SEÑORA: Aquí tiene, señora.

JUAN: ¿Qué le pasa?

SEÑORA: Nada, no se preocupe.

CARMEN: ¿Te has dado cuenta? Me miró y...

JUAN: Ya, ya.

JUAN: ¿Y esas llaves? ¿Las dejó la señora para ti?

CARMEN: Ah, no. Para mí, no. Juan.

JUAN: ¿Qué?

CARMEN: No me dejes sola.

JUAN: ¿Qué pasa?

CARMEN: No, nada... Pero vuelve pronto.

SEGUNDA PARTE

Presentación

PRESENTADOR: Éste es el río de Sevilla. ¿Recuerdan? El río Guadalquivir. ¿Usted trabaja aquí, en el río?

PESCADOR: Sí, ahora sí.

PRESENTADOR: ¿Y antes no?

PESCADOR: No señor, antes trabajaba en el Palacio de Lebrija.

PRESENTADOR: Ahora trabaja aquí y antes trabajaba en el Palacio de Lebrija. ¿Y qué hacía usted allí?

PESCADOR: Pues nada. Cosas. Todos los días a las diez abría la puerta, limpiaba, cuidaba la casa. Hasta la noche. Por la noche, cerraba la puerta y venía al río.

PRESENTADOR: ¿Todos los días?

PESCADOR: No todos. Muchas veces me quedaba allí por la noche.

PRESENTADOR: ¿Por la noche?

PESCADOR: Sí. Me gusta más la noche que el día. Es más... Sevilla es preciosa de noche. Mire.

PRESENTADOR: ¡Preciosa!

Telecomedia

JUAN: ¡Señora...! ¡Oiga!

''CARMEN'': ¿Le gusta?

JUAN: ¡Carmen!

''CARMEN'': ¿Carmen? Sólo mi padre me llamaba Carmen.

JUAN: ¿Pero qué dices?

''CARMEN'': ¿Quién es usted? ¿Qué hace usted aquí?

JUAN: Carmen, soy Juan.

''CARMEN'': Perdone, pero no lo conozco.

JUAN: ¿Que no me conoces, Carmen?

''CARMEN'': Usted me confunde con otra.

JUAN: Creo que sí.

''CARMEN'': Apague la luz. No me gusta la luz eléctrica. La casa me gustaba más antes, a la luz de las velas.

JUAN: ¿Le gustaba más antes? ¿Cuándo?

''CARMEN'': Mire la luz de las velas. Bailábamos todas las noches. Todas las noches venían mis amigos. Sonaba la música y bailábamos, bailábamos, bailábamos.

JUAN: ¿Vivía usted aquí?

''CARMEN'': No, yo no. Aquí vivía él.

JUAN: ¿Él?

''CARMEN'': Sí. Yo venía a todas sus fiestas. Pero un día...

CARMEN: ¡Juan!

JUAN: Ahora vuelvo.

''CARMEN'': No, no va a volver.

CARMEN: ¡Juan!

JUAN: ¡Carmen! ¿Qué pasa?

CARMEN: Ha sido horrible. ¡Un hombre...! ¡Allí...! Me habló... En otro tiempo vivía en esta casa... Bailaban todas las noches...

JUAN: ¿Qué hombre?

CARMEN: Ese hombre.

JUAN: ¿Nos vamos al hotel?

CARMEN: Creo que sí.

PRESENTADOR: ¿Y esas risas?

PESCADOR: Shhhhis. No pregunte nada. Es mejor.

PRESENTADOR: Bueno, adiós.

26. Bailábamos, bailábamos, bailábamos

 AHORA YA PUEDES...

hablar de lo que era habitual en el pasado:	Vivían en el campo. Hablaban la misma lengua.
indicar el destinatario de algo:	La merluza es para mí.
y preguntarlo:	¿Para quién es el filete?
manifestar algo sin estar seguro/a:	Es para mí, creo.
manifestar preferencias:	Me gusta más la radio que la televisión. La televisión me gusta menos. Prefiero la radio.
y preguntarlas:	¿Qué te gusta más, el cine o la televisión?

Antes, Juan vivía en un hotel, pero ahora ha alquilado una casa y va a vivir en ella. En esa casa vivía y trabajaba antes otro hombre, un pintor; pero se fue a Barcelona y dejó la casa. Ahora, Pablo, el pintor, vive y trabaja allí, en Barcelona.

Juan ha invitado a Carmen (¡sólo a Carmen!); ha comprado una botella de champán y la ha metido en el frigorífico. Carmen ha comprado otra, ha venido a casa de Juan y la ha metido también en el frigorífico.

Dos empleados han traído unos paquetes con las cosas de Juan; ya han terminado. Y Carmen y Juan, por fin solos, van a poder tomar... Pero en ese momento llegan sus amigos; luego, la madre de Carmen y su hermano David; ¡y, después, Óscar, el novio de Carmen!

PRETÉRITO PERFECTO

he comprado
he comido
he venido ☞ 6.2

PRETÉRITO INDEFINIDO

trabajé
comí
salí ☞ 6.4

PRESENTE **IMPERFECTO**

trabajo   trabajaba
como   comía
vivo ☞ 6.1   vivía ☞ 6.3

RECUERDA:

Se usa el **pretérito perfecto** para hablar de acciones que acaban de ser realizadas o que se han realizado recientemente.

Juan **ha alquilado** una casa.

Se usa el **pretérito indefinido** para hablar de lo que aconteció en el pasado.

Pablo **dejó** la casa y **se fue** a Barcelona.

Para hablar de las costumbres o de acciones que se repiten con frecuencia se usa el **presente**.

Pablo **vive** en Barcelona y **trabaja** allí.

Y si es en el pasado, se usa el **imperfecto**.

Juan **vivía** en un hotel.

27. Juan ha encontrado casa

1. Cuenta lo que ha hecho hoy don Joaquín Palacios.

MODELO:

1. Don Joaquín Palacios hoy se ha levantado a las siete de la mañana.

2. ¿Qué has hecho tú hoy? Habla de ello con tus compañeros/as.

MODELO: A: ¿A qué hora te has levantado?

B: A las siete y media. ¿Y tú?

3. Cuenta lo que hizo el domingo pasado don Joaquín Palacios.

MODELO:

1. El domingo, don Joaquín Palacios se levantó a las once de la mañana.

4. ¿Qué hiciste tú el domingo pasado? Habla de ello con tus compañeros/as.

 5. Cuenta lo que hace don Joaquín Palacios casi todos los días.

MODELO:

1. Don Joaquín Palacios normalmente se levanta pronto.

 6. Cuenta lo que hacía normalmente don Joaquín Palacios el año pasado en vacaciones.

MODELO: 1. En vacaciones, don Joaquín Palacios se levantaba tarde.

27. Juan ha encontrado casa

1. SEÑORA: Le gusta la casa, ¿verdad?
   JUAN: Sí, es bonita. Un poco pequeña, pero me gusta.
   SEÑORA: ¿Qué es eso?
   JUAN: No, nada. Es una botella de champán.
   SEÑORA: Me encanta el champán. Mire, el frigorífico está ahí debajo.
   JUAN: Sí, sí. Gracias. Adiós, señora.
   SEÑORA: ¿Está esperando usted a alguien?
   JUAN: No, pero es que van a traer mis cosas.
   SEÑORA: Yo puedo ayudarle.
   JUAN: No, no. Muchas gracias. Adiós.
   SEÑORA: Adiós, adiós.
   (...)

2. CARMEN: ¡Qué bonita es la casa! ¡Preciosa!
   JUAN: ¿Te gusta?
   CARMEN: Me encanta.
   JUAN: Ya están aquí con mis cosas. Pasen, pasen. Pongan los paquetes ahí dentro, en el salón.

3. JUAN: ¿Ya han terminado?
   EMPLEADO: Sí, señor. Ya hemos terminado.
   JUAN: Pues... Muchas gracias. Adiós.
   EMPLEADO: Adiós, adiós.
   JUAN: Bueno: ya estamos solos.
   CARMEN: Sí ...
   DIEGO: ¡Ya estamos aquí! ¿A qué hora empieza la fiesta?
   JUAN: ¿La fiesta? ¿Qué fiesta?
   ROSI: La fiesta de tu nueva casa.
   (...)

4. ROSI: ¿Qué tal está la tortilla?
   DIEGO: Está buenísima. Me encanta. ¿Tú quieres, Juan?
   JUAN: No. Pero pásame el vino.
   ROSI: ¿No hay champán? En las fiestas siempre hay champán.
   JUAN Y CARMEN: ¿Champán? No, no. Champán no hay.

5. CARMEN: ¡Mamá! ¡David! Pero, ¿cuándo habéis llegado? ¿A cuánto está París?
   MARÍA: A muchos kilómetros. Pero hay aviones, ¿no?
   JUAN: Ya, ya. ¿Qué tal el viaje?
   DAVID: ¡Estupendo!
   ÓSCAR: ¡Ya estoy aquí! ¿Qué tal?
   CARMEN: ¡Óscar!
   JUAN: ¡Solos!

RECUERDA:

1. Para hablar de lo que gusta o interesa:

   Le **gusta** la casa, ¿verdad?   Me **encanta** el champán.

2. Para hablar de la localización de personas o cosas en relación con otras:

   El frigorífico está **ahí debajo.**   Pongan los paquetes **ahí dentro.**

3. Para pedir opinión sobre una comida o bebida:

   — ¿**Qué tal** está la tortilla?   — Está buenísima.

4. Para preguntar la hora de un acontecimiento:

   — ¿**A qué hora** empieza la fiesta?   — **A** las seis.

5. Para preguntar por la fecha o el momento de un acontecimiento:

   — ¿**Cuándo** habéis llegado?   — Esta mañana.

6. Para preguntar por la distancia entre dos lugares:

   — ¿**A cuánto está** París?   — **A** muchos kilómetros.

7. Para preguntar cómo ha resultado algo:

   — ¿**Qué tal** el viaje?   — Estupendo.

7. Tu compañero/a te va a preguntar si te gustan estas cosas. Contéstale con sinceridad.

MODELO: 1. A: ¿Te gustan los pasteles?

B: No, no me gustan nada.

1. los pasteles	6. las fiestas	11. las casas viejas
2. el cine	7. la carne	12. los coches
3. los idiomas	8. la informática	13. la fruta
4. los deportes	9. el pescado	14. el fútbol
5. las faldas largas	10. la cerveza	15. las corbatas

8. Escucha los cinco diálogos de presentación. Luego elige uno, apréndelo y represéntalo con unos/as compañeros/as.

9. Escucha el texto de presentación del primer módulo. Luego, escribe un texto similar sobre la mudanza de un/a amigo/a imaginario/a.

TRANSCRIPCIÓN DE LOS DIÁLOGOS DEL VÍDEO

Presentación

PRESENTADOR: Hola. Juan ha alquilado un apartamento y ha invitado a Carmen. Pero... vean...

JUAN: Perdón. Yo soy Juan Serrano. Encantado.

VOZ DEL PRESENTADOR: ¿Recuerdan? Él se llama Juan Serrano. Ella es Carmen Alonso. Él es profesor. Ella trabaja en Televisión. Los dos hacen un programa titulado *Conocer España.*

CARMEN: Hola, buenos días.
DIEGO: Hola, ¿qué tal?
JUAN: Buenos días.
ACTOR: Perdón. Con permiso.
ROTULISTA: Conocer España 3/1/2.
CARMEN: ¡Acción!

VOZ DEL PRESENTADOR: Con ellos hemos visitado Mallorca.

SEÑORA: Sonrían. ¿Qué pasa? Son ustedes novios, ¿no?
CARMEN Y JUAN: ¡Nooo...!
SEÑORA: Claro, novios...

VOZ DEL PRESENTADOR: Y hemos conocido la magia de la Alhambra.

YÚSUF: ¿Es usted el profesor Serrano?
JUAN: Sí, sí, soy yo.

YÚSUF: Yo soy su guía.
CARMEN: Huy, ¿ya son las cuatro?
JUAN: Mi compañera, Carmen Alonso.
CARMEN: Encantada.
YÚSUF: ¿Qué tal? ¿Es usted profesora también?
CARMEN: No, no, soy de Televisión.
YÚSUF: Bueno, ¿empezamos la visita?
JUAN: Sí, sí, vamos.
YÚSUF: ¿Tiene usted máquina de fotos?
CARMEN: Sí, tengo una en el bolso.
YÚSUF: Va a necesitarla.
CARMEN: Parece Yúsuf, el rey.

VOZ DEL PRESENTADOR: También hemos visto la belleza y la alegría de las Islas Canarias. Con Carmen y Juan estamos recorriendo España; desde los Pirineos en el norte a la maravillosa luz de Sevilla en Andalucía.

JUAN: ¡Qué bonito es esto! ¡Me encanta!

VOZ DEL PRESENTADOR: También vamos conociendo Madrid, donde vive Carmen y donde Juan ha alquilado un apartamento. ¿Quieren conocer la continuación de esta historia? ¡Vean, vean!

PRESENTADOR: Hasta luego.

27. Juan ha encontrado casa

Telecomedia

SEÑORA: Le gusta el apartamento, ¿verdad?

JUAN: Sí, es bonito. Un poco pequeño, pero...

SEÑORA: ¿Cómo, pequeño? ¡Es perfecto para un hombre soltero! El año pasado vivió aquí un pintor. También soltero. Mire, esto lo pintó él.

JUAN: ¿Ah, sí?

SEÑORA: Sí. Yo me sentaba aquí y le veía pintar.

JUAN: ¿Y esto?

SEÑORA: Del pintor. Pintaba aquí, en el apartamento. Abría las ventanas, ponía eso allí, y empezaba a pintar. Ahora vive en Barcelona. ¿Conoce usted Barcelona?

JUAN: Sí, trabajé allí.

SEÑORA: ¿Y qué hacía usted en Barcelona?

JUAN: Escribía. Soy escritor.

SEÑORA: ¿Y ahora trabaja usted aquí, en Madrid?

JUAN: Pues sí.

SEÑORA: ¿Dónde ha vivido hasta ahora?

JUAN: En un hotel.

SEÑORA: Huy, aquí va a estar mucho mejor. ¿Qué tiene usted ahí?

JUAN: Perdone, es una botella de champán.

SEÑORA: ¡Oh!, me encanta el champán. El frigorífico está ahí debajo. Mire.

JUAN: ¿Dónde está el enchufe?

SEÑORA: Aquí detrás, pero...

JUAN: Espere.

SEÑORA: ¿Puede?

JUAN: Sí, sí.

SEÑORA: Un hombre siempre es necesario.

CARMEN: ¡Juan!

JUAN: ¡Ay! ¡Ay! ¡Ay!

SEÑORA: Pobrecito, ¿se ha hecho daño?

JUAN: No se preocupe, no es nada. ¡Ay! ¿Cómo has entrado?

CARMEN: ¿Y eso?

JUAN: El año pasado vivió aquí un pintor.

CARMEN: Pues pintaba bien, ¿no?

SEÑORA: Pero, ¿no es usted soltero?

CARMEN: Somos compañeros de trabajo.

SEÑORA: Ah, bueno, compañeros de trabajo.

JUAN: Éstas son las llaves, ¿verdad? Muchas gracias por todo.

CARMEN: ¡Juan!

JUAN: ¿Qué?

CARMEN: Los dos hemos traído...

JUAN: Esta señora...

EMPLEADO 1: ¿Juan Serrano?

JUAN: Sí, pasen, por aquí.

EMPLEADO 2: ¿Dónde ponemos esto?

JUAN: Ahí, detrás de esa mesa.

CARMEN: ¿Qué son, libros?

JUAN: Ayer estuve cinco horas haciendo paquetes.

CARMEN: Entonces, ¿hay más cajas?

JUAN: Sí, pero pocas.

EMPLEADO 1: ¡Uf, la última! Me duelen los brazos.

EMPLEADO 2: Y a mí me duele todo el cuerpo.

JUAN: Muchas gracias por todo. ¡Adiós sorpresa!

CARMEN: Pues adiós sorpresa.

JUAN: ¿Y ahora?

TODOS: ¡Sorpresa!

DIEGO: ¿A qué hora empieza la fiesta?

JUAN: ¿Qué fiesta?

ROSI: Tu fiesta. La fiesta del nuevo apartamento.

JUAN: ¿La fiesta? ¡Ahora mismo!

ROSI: ¿Qué tal está esa tortilla?

DIEGO: Buenísima. Me encanta. ¿Quieres?

ROSI: Bueno. ¿Tú quieres, Juan?

JUAN: No, pásame el vino.

ROSI: A mí lo que me gusta es el champán.

JUAN: ¡Pues no hay!

ROSI: ¡Vaya! ¡Eh! ¿Alguien ha traído champán?

AYUDANTE DE DIRECCIÓN: ¡Ay, ay, ay, ay, ay!

ROSI: A ver, ¿dónde te duele?

AYUDANTE DE DIRECCIÓN: Aquí, en el codo.

ROSI: Voy a buscar hielo. El frigorífico está allí, ¿no?

CARMEN: ¡No funciona! Y... ¿qué haces ahora por las tardes?

ROSI: Voy a clase. Estudio idiomas.

CARMEN: ¿Todos los días?

ROSI: Sí, claro, todos los días. La clase empieza a las seis y termina a las nueve.

AYUDANTE DE DIRECCIÓN: Rosi, a ver: ¿qué has aprendido en clase?

ROSI: *Bonjour. Good morning. Guten morgen. Buon giorno.*

DIEGO: Muy bien, Rosi. La última copa y nos vamos. ¡Por tu nueva casa! ¡Está riquísimo!

AYUDANTE DE DIRECCIÓN: Es muy tarde, vámonos.

MARÍA: ¡Hola!

TODOS: Hola.

DAVID: Hola, Juan.

CARMEN: Hola, mamá. ¿Pero cuándo habéis llegado?

MARÍA: ¡Qué pregunta! En el avión de las diez.

JUAN: Bueno, y ¿qué tal el viaje?

MARÍA: Estupendo. *Paris ¡c'est fantastique!*

ROSI: *Bonjour, madame...*

CARMEN: ¡Pues qué sorpresa! ... ¿verdad? ¿Quién os ha dicho...?

MARÍA: Óscar.

CARMEN: ¿Óscar? ¡Óscar! ¡Qué haces tú aquí?

ÓSCAR: ¿No hay más?

CARMEN: Hay agua.

ROSI: ¡Aquí hay champán!

TODOS: ¿Champán?

ROSI: ¿Qué? ¿Vosotros...?

ÓSCAR: ¿Cómo? ¿Vosotros, qué?

CARMEN: ¿Nosotros? Nosotros, nada.

JUAN: ¡Nada, nada!

PRESENTADOR: ¡Hasta pronto!

28 Ésta es más bonita

Al final de esta unidad podrás establecer comparaciones entre personas o entre cosas y pedir o dar un consejo.

I

Son más pequeños que otros coches. Pero son tan cómodos como ellos. ¡Y cuestan menos! Tobi: un coche joven como tú.

Así se comparan las cosas y las personas.

Son más pequeños que los otros coches,

pero tan cómodos como ellos.

Ah, ¡y cuestan menos!

más/menos … que
tan … como   ☞ 10

Se pueden comparar las personas o las cosas expresando:

– la desigualdad entre ellas:

Carmen es **más** baja **que** Juan.

Este coche cuesta **menos que** otros.

Es **más** barato.

– la igualdad o el parecido:

Carmen duerme **tanto como** David.

Tengo **tanta** hambre **como** tú.

Es un coche **tan** cómodo **como** el otro.

La niña es **como** su madre.

Para expresar la igualdad también se puede usar la palabra igual.

Observa la construcción de las frases:

El paraguas de Luis es **igual que** el de Óscar.

El paraguas de Luis y el de Óscar son **iguales**.

En el caso de la desigualdad con malo/mal y bueno/bien se recomienda usar peor y mejor:

Ana es **peor que** su hermana.   El Tobi es **mejor**.

28. Ésta es más bonita

1. Haz estas preguntas a tus compañeros/as.

MODELOS: 1. A: ¿Quién es mejor, Juan o Carmen?

B: Carmen. Es más simpática.

C: Pero es menos cariñosa que Juan.

2. A: ¿Qué es peor, el coche o la moto?

B: El coche. Es más grande y más incómodo.

C: No, la moto. Es menos segura.

1. Mejor: Juan - Carmen.

2. Peor: coche - moto.

3. Mejor: lámpara de cristal - de tela.

4. Peor: refresco - zumo.

5. Mejor para vivir: pueblo - ciudad.

6. Peor en una casa: pájaro - perro.

7. Mejor: bañarse - ducharse.

2. ¿Qué cosas son iguales?

MODELO: El bañador de Juan es igual que el de Óscar.

3. Describe a cada uno de los personajes del ejercicio 2 sin decir su nombre. Tus compañeros/as deben adivinar de quién hablas.

> MODELO: A: Está comiendo un helado como el de David.
>
> B: Es Carmen.

II

Esta lámpara parece un sombrero.

Pareces un payaso.

Así se dice que una cosa o persona tiene la apariencia de otra.

Con el verbo parecer se puede comparar el aspecto o la apariencia de dos personas o dos cosas. Cuando se trata de dos personas concretas, se usa parecerse (a):

Ese coche parece una caja.   La niña **se** parece **a** su madre.

¿**Se** parecen Carmen y David?

4. Estos dibujos parecen iguales pero no lo son. Encuentra las seis diferencias que hay entre ellos.

1

2

5. Por turnos, cada alumno/a imita con gestos a una persona o una cosa y luego pregunta ¿Qué parezco? Los/Las demás contestan.

> MODELO: A: (Gesto de llevar una bandeja) ¿Qué parezco?
>
> B: (Pareces) un camarero.

6. ¿A qué personajes públicos (políticos, actores/actrices, etc.) se parecen tus compañeros/as? Discútelo con ellos/ellas.

28. Ésta es más bonita

III

Está lloviendo. ¿Qué hacemos?

Así se pide una sugerencia o un consejo.

Lo mejor es coger un taxi.
¿Por qué no cogemos un taxi?
Podemos coger un taxi.

Así se puede contestar.

A veces, la palabra mejor no expresa exactamente una comparación. En esos casos sirve para proponer algo o para dar un consejo:

— **¿Qué hacemos?**

— **Lo mejor** es coger un taxi.

Cuando se piden sugerencias con la pregunta ¿Qué hacemos? se puede contestar también con otras formas:

¿Cogemos un taxi?

¿Por qué no cogemos un taxi**?**

Podemos coger un taxi.

7. Observa las ilustraciones. Luego, escucha los diálogos y anota a qué dibujo corresponde cada uno.

1
Diálogo número …

2
Diálogo número …

3
Diálogo número …

4
Diálogo número …

5
Diálogo número …

8. Representa con tus compañeros/as los diálogos del ejercicio anterior.

28. Ésta es más bonita

 TRANSCRIPCIÓN DE LOS DIÁLOGOS DEL VÍDEO

PRIMERA PARTE

Presentación

PRESENTADOR: ¡Hola! Miren: esto es el Rastro de Madrid.
VENDEDOR: Buenos días.
PRESENTADOR: Buenos días. ¿Qué precio tiene esto?
VENDEDOR: Diez mil pesetas.
PRESENTADOR: ¿Y aquél?
VENDEDOR: Aquél es más caro. Treinta y dos mil pesetas. Es chino.
PRESENTADOR: Es chino, y claro, es más caro. Pues entonces me llevo éste. Es más bonito, más barato, y pesa menos que el otro.

CHICO: Mira. Parece un florero. ¿Qué precio tiene?
VENDEDOR: Treinta y dos mil pesetas.
CHICA: Nos lo llevamos.
PRESENTADOR: Esos jóvenes tienen más dinero que yo. Bueno, hasta luego.

Telecomedia

CARMEN: Mira ese sillón, Juan. ¡Qué bonito!
JUAN: Es más bonito aquél, ¿no? Y además, no necesito un sillón, necesito una lámpara.
CARMEN: Pues a mí este sillón me gusta. Parezco una reina, ¿verdad?
VENDEDOR: ¡Señorita, señorita! ¡Señorita!
CARMEN: Lo siento, perdón, yo...
VENDEDOR: No se preocupe.
JUAN: Carmen, ven. ¡Aquí hay unas lámparas...! ¿Te gusta ésta?

CARMEN: Ésta es más bonita, y además parece más nueva.
JUAN: ¿A ver? Ya, pero es más cara que las otras. Y además, a mí no me gusta. Parece un...
CARMEN: Pues a mí me gusta.
JUAN: Pues a mí no.
CARMEN: ¿Y ésta? Mira, es más grande, pero cuesta menos que las otras... O ésta... Parece un sombrero.
CHICA MODERNA: ¡Es un sombrero! ¡El mío!
JUAN: A mí la que más me gusta es ésta. Pero claro, son veinte mil pesetas.
CARMEN: A mí me gusta menos que aquélla, pero bueno...
JUAN: Cinco mil, diez mil, quince mil, dieciséis mil, diecisiete mil, dieciocho mil... No puedo comprarla. Necesito una lámpara más barata.
CARMEN: ¿Cuánto tienes?
JUAN: Dieciocho mil pesetas.
CARMEN: ¿Cuánto?
JUAN: Dieciocho mil.
CARMEN: ¡Cuánto, hombre!
JUAN: ¡Dieciocho mil!
CARMEN: No te preocupes. ¡Oiga, por favor! Nos gusta esta lámpara, pero es un poco cara, ¿no?
VENDEDOR: Aquélla es más barata.
CARMEN: Y más fea.
JUAN: Bueno..., a nosotros nos gusta menos.
VENDEDOR: ¿Cuánto me dan?
CARMEN: Diez mil.
VENDEDOR: No, no, ni hablar. ¡Vale veinte mil pesetas!
CARMEN: ¡Doce mil!
VENDEDOR: Muy bien. Doce mil pesetas... el ángel, claro.

SEGUNDA PARTE

Presentación

PRESENTADOR: ¡Puff! Es tan grande como el otro. Y además, el color...
VENDEDOR: Un momento.
PRESENTADOR: Es tan grande como el otro, ¿verdad?
VENDEDOR: Tenga. Es como ése, pero negro. Y más pequeño. Pruébeselo.
PRESENTADOR: Pues me gustan los dos. ¿Qué hago? ¿Éste?
CLIENTE: ¡Hombre, ese sombrero es como el mío! ¿Pero dónde está?
PRESENTADOR: Perdón. Hasta luego.

Telecomedia

JUAN: ¿Qué hacemos?
CARMEN: Podemos entrar en esta tienda.
JUAN: Estamos buscando una lámpara. No tan grande como ésa. ¿Tiene alguna más pequeña?
CARMEN: ¿Le gusta?
SEÑORA: Sí, es muy bonito. Se lo compro.
CARMEN: Lo siento, no lo vendo. Además, no vale nada.

JUAN: Carmen, mira. ¿Te gusta?
CARMEN: Es como ésta. Son iguales.
JUAN: Sí, pero no tengo tanto dinero... ¡Qué fea!
CARMEN: ¡Es feísima!
JUAN: ¿Y ésta?
CARMEN: ¡También feísima! Parece un bolso.
CHICA MODERNA: ¡Es mi bolso!
SEÑORA: Somos mi marido y yo. Murió el año pasado.
CARMEN: ¿Y esto?
SEÑORA: Sí, sí. Es el mismo. Me lo regaló mi marido, y lo perdí.
CARMEN: Tome. Es suyo.
SEÑORA: No, por favor.
CARMEN: Sí, sí, señora, por favor.
SEÑORA: Bueno, se lo compro.
CARMEN: No, no. Se lo regalo.
SEÑORA: Espere. Tome, es suya. Sí, por favor.
CHICA MODERNA: ¡Oiga, por favor! ¿Qué hace?

CARMEN: ¿Qué hacemos? ¿Vamos a tu casa?
JUAN: Sí, pero vamos a coger un taxi. ¡Taxi!

PRESENTADOR: Hasta el próximo programa.

28. Ésta es más bonita

● **AHORA YA PUEDES...**

comparar a las personas o las cosas:	Es tan cómodo como otros coches. Carmen duerme tanto como David. La niña es como su madre. Es igual que el otro. Carmen es más baja que Juan. Este coche cuesta menos. La silla es mejor.
decir que una cosa o persona tiene la apariencia de otra:	Esta lámpara parece un sombrero. Pareces un payaso. La niña se parece a su madre.
pedir una sugerencia o consejo: y darlo:	¿Qué hacemos? Lo mejor es coger un taxi.

29 Era un chico estupendo

Al final de esta unidad podrás hablar de cómo eran las personas y las cosas en el pasado, así como de olores y sabores.

I

PRESENTE	IMPERFECTO
es	era
está	estaba
tiene	tenía
hay ☞ 6.1	había ☞ 6.3

Voy a contarles lo que pasó: aquel día llovía; Marta llegó a la oficina y …

Juan tenía el pelo muy largo.
Era una casa muy bonita.

Así se describe a alguien o algo en el pasado.

¿Cómo era Juan?
¿Cuántas habitaciones tenía la casa?

Y así se pide esa descripción.

Para describir personas y cosas en el presente, se usan los verbos ser, tener, estar, hay… en presente.

Para describir en el pasado, se usan esos mismos verbos, pero en imperfecto:

> Juan **era** muy simpático. Y **tenía** mucho pelo.
>
> **Era** una casa muy bonita. **Tenía** cocina y salón.
>
> En la cocina **había** una lavadora.
>
> El cuarto de baño **estaba** al lado de la cocina.

Para preguntar, también se usa el imperfecto:

> ¿Cómo **era** Juan?   ¿Cómo **era** la casa?
>
> ¿Qué **había** en la cocina?   ¿Cuántas habitaciones **tenía**?

Recuerda que para contar lo ocurrido en el pasado, se usa el indefinido:

> Juan **nació** en un pueblo de los Pirineos.

Así, para hablar del pasado:

– acontecimientos: indefinido. Juan **estudió** en Salamanca.

– descripciones: imperfecto.   Juan **era** un chico estupendo.

29. Era un chico estupendo

FÍJATE:

¿Qué pasó?

Me levanté temprano.

Desayuné.

Fui al campo.   ☞ 6.4

¿Cómo eran las cosas?

Hacía buen tiempo.

No **había** nadie.

El sitio **era** precioso.

☞ 6.3

1. Lee el diálogo y luego represéntalo con dos compañeros/as.

CARMEN: ¿Qué tal Juan? ¿Qué os ha parecido?
AMIGA: Ha cambiado un poco.
CARMEN: ¿Sí? ¿Cómo era?
MIRIAM: Tenía mucho pelo.
CARMEN: ¿Juan... mucho pelo?
AMIGA: Sí, tenía el pelo muy largo. Era muy simpático.

2. Observa esta casa de muñecas y lee la carta que la niña a la que pertenece envía a una amiga. Luego, describe tú la casa.

MODELO: La casa es muy bonita. Tiene cocina, salón, cuarto de baño y dos habitaciones. En la cocina...

Querida Cristina:
Mi padre me compró ya la casita de muñecas. Es preciosa, preciosa: Tiene de todo, es ¡como una casa de verdad! Tiene cocina y en la cocina hay una lavadora, una mesa con cuatro sillas ¡y la cocina, claro! Al lado está el cuarto de baño con bañera, lavabo,... Tiene también un salón muy grande y en el salón hay una mesa baja y otra alta, sillas y un televisor. Tiene dos habitaciones, con armarios y camas, y las camas tienen de todo, como las de verdad: tienen sábanas, mantas,... Es muy, muy bonita. ¿Cuándo vas a venir? Vamos a jugar mucho con la casita y nos vamos a divertir mucho.
Muchos besos.
Ana

3. Ana ya se ha hecho mayor. Con un/a compañero/a, lee su conversación sobre la casita de muñecas con su padre. Luego, descubre los fallos de su memoria.

MODELO: La cocina no tenía seis sillas, tenía sólo cuatro.

ANA: ¿Recuerdas una casita de muñecas que me compraste?
PADRE: Claro. Me costó... ¿Cuánto me costó? Bueno, no recuerdo ya, pero mucho.
ANA: ¡Papá! Te costó sólo 5.000 pesetas.
PADRE: Sí, claro. 5.000 pesetas de... de 1970, creo.
ANA: ¿Pero recuerdas la fecha, papá? Sí, me la regalaste el día de mi cumpleaños. ¡Diez años! ¡Y qué bonita era la casa! La recuerdo muy bien: la cocina tenía una mesa con seis sillas, y la lavadora... El cuarto de baño estaba al lado de la habitación. Y en el salón, ¿recuerdas?, había una mesa con cuatro sillas. ¡Y el televisor parecía de verdad!
PADRE: Y las camas tenían sábanas y mantas...
ANA: Era preciosa.

4. Con un/a compañero/a, busca documentación sobre cómo era tu barrio, pueblo o ciudad hace treinta años. Comparad el lugar de entonces con el lugar tal como lo conocéis ahora. Luego, contad a los/las demás cuánto ha cambiado.

> MODELO: Hace treinta años, en nuestro barrio sólo había tres panaderías. Ahora hay diez. Había una escuela de niñas y otra de niños. Ahora hay quince escuelas mixtas. El parque era muy pequeño, pero ahora ocupa tres manzanas...

5. Escucha la biografía de Cristóbal Colón y luego completa el texto.

Vida de Cristóbal Colón

Cristóbal Colón (Génova, 1451 - Valladolid, 1506)
varios años en Portugal
luego, España
primer viaje a América: 1492
otros tres viajes a América

Cristóbal Colón ... en Génova, en 1451. Génova ... una ciudad importante; allí ... muchas familias ricas, pero la de Colón ... pobre. Vivió en España y, en 1492, ... a América. Pero, ¿cómo ... Colón? ¿Era bajo o alto? ¿... moreno, castaño o rubio? ¿... el pelo largo? ¿Y barba? No lo sabe nadie.

6. Cuenta la vida de Cervantes. Puedes usar los verbos propuestos en el recuadro.

nacer	morir	estar	ir	viajar	conocer	escribir

MODELO: Miguel de Cervantes nació en...

Vida de Miguel de Cervantes

Miguel de Cervantes: (Alcalá de Henares, 1547 - Madrid, 1616)
Italia
luego, España
viajes por varias ciudades italianas
El Quijote : 1604

29. Era un chico estupendo

II

Huele muy bien/mal.
¡Qué bien/mal huele!

Así se habla de olores.

Sabe a manzana.
¡Qué bien/mal sabe!
¡Cómo sabe a fresa!

Así se habla de sabores.

¿A qué huele/sabe?
¿Qué tal huele/sabe la comida?

Y así se pregunta.

Esta sopa la he hecho yo.

Así se dice quién ha hecho algo.

Para preguntar por un olor o un sabor que uno no identifica, se usa el verbo oler o saber y la expresión a qué. En la respuesta se usa la preposición a:

— ¿A qué huele en esta habitación?

— A tabaco. Huele a tabaco.

— ¿A qué sabe la sopa?

— A queso.

También se puede pedir y dar una opinión sobre un olor o un sabor:

— ¿Qué tal huele la comida?

— ¡Huele muy bien!

— ¿Qué tal sabe esa medicina?

— Muy mal. Sabe horrible.

Para responsabilizar a alguien de una acción, se usan los pronombres yo, tú, él, ella, etc., o un nombre que identifique a la persona responsable. Tanto el pronombre como el nombre van detrás del verbo:

Las flores las he comprado yo.

— ¿Quién ha hecho la sopa?

— Yo./Mi hermana./Juanita.

7. Habla con un/a compañero/a de olores y de sabores.

MODELOS:

1. A: ¿A qué huele aquí?
   B: A tabaco.
   A: ¡Qué mal huele!

2. B: ¿A qué sabe el pastel?
   A: A naranja.
   B: ¡Qué bien sabe!

1. aquí: tabaco
2. el pastel: naranja
3. la sopa: vino
4. el cubo: basura
5. la calle: gas
6. el flan: caramelo

7. el libro: tinta
8. el agua: cloro
9. la ensalada: tomillo
10. el coche: campo
11. el pescado: limón
12. el mercado: pescado

TRANSCRIPCIÓN DE LOS DIÁLOGOS DEL VÍDEO

PRIMERA PARTE

Presentación

MADRE: Margarita, aquí había caramelos. ¿Los has comido tú?

MARGARITA: ¿Caramelos? ¿Había caramelos? No sé...

PRESENTADOR: Perdón... Hoy vamos a Salamanca. ¿Y mi libro? Estaba aquí.

MARGARITA: Lo tengo yo. Es muy bonito.

PRESENTADOR: Lo tenía ella.

MARGARITA: ¡Mira... Salamanca!

Telecomedia

AMIGO 1: ¿Qué te parece, Juan? Todo igual, ¿eh?

JUAN: No, han cambiado muchas cosas. Por ejemplo, en esta pared había un cuadro grande.

AMIGO 2: Mira, ahora está allí.

JUAN: Es verdad. Y aquélla era la biblioteca. ¿Te acuerdas, Daniel?

DANIEL: Sí, tú ibas casi todos los días.

JUAN: Hombre, es que estudiaba mucho.

AMIGO 1: Sí, sí, mucho...

JUAN: ¡Goool! ¡Ahhh! El fútbol...

AMIGO 3: Oye, Juan, ¿has venido solo?

JUAN: No, hemos venido Carmen y yo.

DANIEL: ¿Carmen?

JUAN: Mi compañera de trabajo.

DANIEL: ¡Ah, la amiga de Miriam!

MIRIAM: ¡Daniel...!

DANIEL: Es Miriam.

AMIGO 3: ¿No estaba en la plaza?

DANIEL: No puede vivir sin mí.

JUAN: ¿Quién ha sido?

CARMEN: ¡Ha sido ella!

MIRIAM: No, no, no; ha sido ella.

AMIGA: No; ella, ella.

AMIGO 1: No te lo dicen, ¿eh?

AMIGO 2: Tienen miedo.

JUAN: Eso, eso, tienen miedo.

SEGUNDA PARTE

Presentación

AMIGO: Mira, ésta era mi casa, pero ha cambiado mucho.

PRESENTADOR: ¿Cómo era antes?

AMIGO: Así. Mira, tenía jardín y era más baja.

PRESENTADOR: Tenía jardín y era más baja.

AMIGO: ¡Cómo cambian las cosas!

PRESENTADOR: Sí, yo también he cambiado. Antes no tenía pelo.

AMIGO: ¿No tenías pelo? ¿Cómo eras? ¿Calvo?

PRESENTADOR: Sí, mira.

AMIGO: ¡Qué bien huele!

PRESENTADOR: Sí, huele muy bien.

Telecomedia

CARMEN: ¿Cómo encontráis a Juan?

AMIGA: Ha cambiado un poco.

CARMEN: Ah, ¿sí? ¿Cómo era?

MIRIAM: Huy, tenía mucho pelo.

CARMEN: ¿Juan... mucho pelo?

AMIGA: Sí, pelo largo. Nos gustaba mucho a todas. ¡Era un chico estupendo!

CARMEN: Ahora también.

JUAN: ¡Qué rico está esto! Sabe a... Daniel, no bebas más.

DANIEL: ¿Y tú?

JUAN: Huele. ¿A qué huele?

DANIEL: A naranja.

JUAN: Es que es zumo de naranja. Yo no bebo alcohol.

CAMARERO: ¡Lo siento!

JUAN: No se preocupe. Ahora la chaqueta huele también a naranja. Mire. ¿Qué tal?

DANIEL: Así pareces un camarero.

JUAN: Espera un momento. Falta algo. ¿Qué desean los señores?

AMIGO: ¡Otra música!

JUAN: ¡Otra música! ¡Marchando!

PRESENTADOR: ¡Buf! Es muy tarde. Buenas noches.

29. Era un chico estupendo

 AHORA YA PUEDES...

describir a alguien o algo en el pasado:	Tenía el pelo largo. La casa era muy bonita.
pedir esa descripción:	¿Cómo era Juan? ¿Cuántas habitaciones tenía la casa?
contar y describir acontecimientos del pasado:	Juan estudió en Salamanca. Cristóbal Colón nació en Génova.
hablar de olores:	¿A qué huele? A tabaco. ¡Qué mal huele!
y de sabores:	¿Qué tal sabe? Muy bien. ¿A qué sabe? A fresa.
responsabilizar a alguien de una acción:	Esta sopa la he hecho yo. Las compró María. Las ha traído el niño.

30 Me parece que sí

Al final de esta unidad serás capaz de expresar tus opiniones.

I

Me parece que está estupendo.

Yo creo que eso no es verdad.

A mí me parece que no.

Así se da una opinión sobre algo.

Así se da una opinión contraria a la de otra persona.

Para expresar una opinión personal, se usa Me parece que o Creo que:

Me parece que está estupendo.   **Creo que** esta foto es mejor.

Para oponer la opinión de dos personas, se usan los pronombres yo, tú, él, etc., con creer que y a mí me, a ti te, a él le, etc., con parecer que:

— La gasolina es muy cara.

— **Yo creo que** eso no es verdad.

— **A mí me parece que** eso no importa.

Para expresar una opinión contraria a la de otra persona, se usa A mí me parece que no/sí o Yo creo que no/sí:

— Esta ciudad es muy fea.

— A mí me parece **que sí.**

— Pues yo creo **que no.**

Creo que y Me parece que se usan también para dar informaciones o respuestas de las que no se está seguro/a del todo:

— ¿Dónde está Arequipa?   — ¿Está lloviendo?

— **Creo que** en Perú.   — **Me parece que** sí.

Ya sabes que también se puede usar creo solo:

— ¿Dónde está Arequipa?   — En Perú, **creo.**

FÍJATE:

— Hay demasiados coches.

— Creo que **eso** no es verdad.

☞ 2.4

30. Me parece que sí

1. Lee el diálogo siguiente con un/a compañero/a, cuidando la entonación.

LUIS: Buenos días.
CAMARERO: Buenos días. ¿Qué le pongo?
LUIS: Un refresco, por favor.
CAMARERO: Un refresco. ¿Algo para comer, señor?
LUIS: Pues... sí. ¿Me pone un poco de jamón?
CAMARERO: Sí, señor. ¿De Salamanca o de Jabugo?
LUIS: De Salamanca, de Salamanca.
CAMARERO: Aquí tiene, señor.
LUIS: Gracias... ¡Mmmmm! ¡Qué rico!
CAMARERO: ¿Qué tal? ¿Está bueno?
LUIS: A mí me parece que está estupendo.
CAMARERO: ¿Sí? Pues mire, yo creo que éste es mejor.
LUIS: ¿Cuál? ¿El de Jabugo? Bueno... Pues póngame otra ración. De Jabugo.

2. Ahora, contesta a estas preguntas sobre el diálogo anterior.

1. ¿Qué pide Luis Cánovas?

2. ¿Qué come?

3. ¿Están de acuerdo Luis Cánovas y el camarero sobre el jamón?

4. ¿Le gusta el jamón de Salamanca a Luis Cánovas?

5. ¿Y el de Jabugo?

3. Dad vuestra opinión sobre las afirmaciones que siguen. Podéis utilizar las expresiones del recuadro.

eso es bueno	eso es verdad	eso da igual
eso es malo	eso no es verdad	

MODELO: 1. TÚ: Creo que eso no es bueno.

UN/A COMPAÑERO/A: A mí me parece que eso da igual.

OTRO/A COMPAÑERO/A: Pues yo creo que juega al tenis.

Luis **nunca** hace deporte. = Luis **no** hace **nunca** deporte.

☞ 12.2

1. Luis Cánovas nunca hace deporte.

2. La gasolina es muy cara en México.

3. Hay demasiados coches en Salamanca.

4. La radio es mejor que la televisión.

5. Hay pocos periódicos en España.

6. En todos los países hispanos hay democracia.

7. No se puede fumar en los ascensores.

8. En España se cocina siempre con aceite.

9. Luis Cánovas vive en Sevilla.

10. El té es mejor que el café.

11. En verano hace demasiado calor en Sevilla.

12. En invierno no hace mucho frío en los Pirineos.

13. Se puede fumar en los hospitales españoles.

30. Me parece que sí

4. Contesta con un/a compañero/a.

MODELO: 1. Tú: Creo que en Argentina.

Tu compañero/a: Yo no lo sé.

1. ¿Dónde está Sausalito?
2. ¿Cuántos años tiene Luis Cánovas?
3. ¿Con qué se hace una tortilla española?
4. ¿Qué desayunan los españoles?
5. ¿A qué hora se cena en España?
6. ¿Y en México?

● ●

II

— **¿Qué tal le quedan los pantalones?**

— **Cortos. Me quedan muy cortos.**

Así se pregunta a alguien cómo le está algo.

Y así se puede contestar.

Para preguntar a alguien cómo le está una prenda de vestir o un calzado, se usa ¿Qué tal...? o ¿Cómo...? con el verbo quedar o estar:

— **¿Qué tal** le **está** la chaqueta?

— **Me está** muy bien.

— **¿Qué tal** te **quedan** los zapatos?

— **Me quedan** estrechos.

Se puede contestar con los mismos verbos o simplemente con el calificativo:

Esta chaqueta me queda muy bien.	Te quedan cortísimos.
La camisa me está estrecha.	Me están muy mal.
Los pantalones le quedan largos.	Bastante anchos.
Los zapatos te están pequeños.	Demasiado largos.
Me quedan muy bien.	Muy grandes.
Me están grandes.	Cortos. Demasiado cortos.

Si no se está seguro/a del todo, se usa creer que o parecer que:

Yo creo que me quedan bien.

Me parece que me está pequeña.

FÍJATE:

La camisa me está estrecha.

Los pantalon**es** me qued**an** larg**os**.

☞ 13

RECUERDA:

Los zapatos	me te le nos os les	quedan están	bien.

30. Me parece que sí

 5. Escucha la casete. ¿Quién dice cada frase?

Felipe   Laura   Alberto   Fernando   Teresa   Paco

1. Esta falda me queda demasiado corta.
2. Me están muy largos.
3. Me quedan bien.
4. Me están grandísimos.
5. Me queda demasiado estrecha.
6. Me queda un poco ancho.

 6. Mira los dibujos del ejercicio anterior. Escucha y contesta a las preguntas que vas a oír.

 7. Intercambia opiniones con tus compañeros/as sobre lo que veis en estas fotografías.

30. Me parece que sí

 TRANSCRIPCIÓN DE LOS DIÁLOGOS DEL VÍDEO

PRIMERA PARTE

Presentación

PRESENTADOR: Me parece que hoy vamos de boda.

JOVEN: ¿Qué le parecen estas flores?
PRESENTADOR: Son muy bonitas.
JOVEN: ¿Quedan bien aquí?
PRESENTADOR: Creo que sí. Creo que quedan bien. Pero estos lazos no me gustan. Son demasiado grandes.
JOVEN: Sí, es verdad. Mejor éstos. ¿No le parece? ¡Perfecto! ¡Todo perfecto!
PRESENTADOR: Creo que no. Todo no.
JOVEN: ¿Qué?
PRESENTADOR: Así no va a llegar a la boda. Creo.

Telecomedia

MIRIAM: ¿Qué tal la flor?
CARMEN: Muy bien.
MIRIAM: No sé... Yo creo que es demasiado grande.

AMIGO 1: Me parece que ya es de día.
AMIGO 2: Sí, oye, es de día.
DANIEL: ¡No es de día! Todavía no hay luz.
JUAN: Anda, Daniel. Vete a casa y dúchate. Hoy te casas.
DANIEL: ¿Hoy? ¿Ya es hoy? Vamos a ver a la novia.
JUAN: Me parece que a la novia no le vas a gustar así. Venga, vamos a casa y te vistes.
DANIEL: ¿Y me visto?
JUAN: Sí. Te vistes de novio. No puedes ir a la iglesia con esa ropa. ¡Vamos, creo yo...!
DANIEL: Mira, aquí vive Miriam. ¡Miriam! ¡Miriam!
CARMEN: ¡Ay!, me parece que es Daniel.
MIRIAM: ¡Daniel! ¿Pero qué haces aquí?
DANIEL: ¿Qué hago aquí? ¡Casarme contigo! ¡Te quiero!
MIRIAM: Me parece que no...
DANIEL: ¿Qué?
CARMEN: Daniel, creo que Miriam se ha enfadado.
JUAN: Daniel, vamos a llegar tarde a la iglesia.
CARMEN: Juan, llévalo a su casa. Necesita una ducha.
DANIEL: Sí, necesito una ducha. Muchas gracias.

SEGUNDA PARTE

Presentación

DEPENDIENTE: ¿Cómo le queda la chaqueta?
PRESENTADOR: Creo que me queda bien. Me queda bien, ¿verdad?
DEPENDIENTE: ¿Y los pantalones?
PRESENTADOR: Me parece que son un poco largos.
JOVEN: ¡Oiga, por favor! Yo creo que estos pantalones me están un poco cortos...
DEPENDIENTE: Un momento... Perdonen. Me parece que...
PRESENTADOR: Sí. Me parece que sí.

Telecomedia

MIRIAM: ¿Cómo me queda el vestido?
AMIGA 1: ¡Precioso!
AMIGA 2: Toma, ponte los zapatos.
CARMEN: ¿Cómo te están?
MIRIAM: Me parece que...
CARMEN: Un momento, un momento... Toma, póntelos ahora.
CARMEN Y AMIGAS: ¡Ohhhh!
PELUQUERA: Vamos, que es tarde.

CARMEN: ¿Qué te pasa?
MIRIAM: ¡Qué soy muy feliz!
CARMEN Y AMIGAS: ¡Ohhhh!

CURA: Daniel y Miriam: ¿venís a contraer matrimonio, sin ser coaccionados, libre y voluntariamente?
DANIEL Y MIRIAM: Sí, venimos libremente.

CURA: ¿Estáis decididos a amaros y respetaros mutuamente durante toda la vida?
MIRIAM Y DANIEL: Sí, estamos decididos.
CURA: ¿Estáis dispuestos a recibir de Dios, responsable y amorosamente, a los hijos, y a educarlos según la ley de Cristo y de su Iglesia?
MIRIAM Y DANIEL: Sí, estamos dispuestos.
CURA: Daniel Fernández León, ¿quieres a Miriam López Llamas por esposa?
DANIEL: Sí, quiero.
CURA: Miriam López Llamas, ¿quieres a Daniel Fernández León por esposo?
MIRIAM: Me parece que sí.
CURA: ¿Cómo?
MIRIAM: Sí, quiero.
CURA: Yo os declaro marido y mujer. El Señor, que hizo nacer en vosotros el amor, confirme este consentimiento mutuo que habéis manifestado ante la Iglesia. Lo que Dios ha unido, que no lo separe el hombre.

30. Me parece que sí

AHORA YA PUEDES...

dar una opinión sobre algo:	Me parece que está estupendo.
	Creo que este queso es mejor.
dar una opinión contraria a la de otra persona:	Yo creo que no es verdad.
	Me parece que no es verdad.
	— Creo que va a llover.
	— A mí me parece que no.
dar informaciones o respuestas de las que no estás seguro/a del todo:	— ¿Dónde está Arequipa?
	— Creo que en Perú.
preguntar y decir cómo le está a alguien una prenda de vestir o un calzado:	— ¿Qué tal le queda la falda?
	— Muy bien.
	— ¿Qué tal le están los zapatos?
	— Me están grandes.

Al final de esta unidad serás capaz de decir qué quieres hacer, qué aconsejas a otros que hagan y qué te gusta hacer.

I

Luis quiere quedarse en casa.

Quiero casarme contigo.

Así se dice lo que uno mismo o los demás quieren hacer.

Ya conoces dos significados del verbo querer:

Amar: Te quiero.

Desear: Yo quiero tortilla de patatas. ¿Y tú?

También se usa para expresar lo que uno mismo u otra persona desea hacer:

Quiero cambiar francos en pesetas.

Teresa quiere jugar al tenis con nosotros.

Y también se puede usar para proponer hacer cosas a otras personas:

¿Quiere usted venir con nosotros?

¿Quieres bailar conmigo?

Te quiero y quiero casarme contigo.

1. Escucha el diálogo. Luego, contesta a las preguntas.

1. ¿El hombre quiere salir?

2. ¿Qué le proponen sus amigos?

3. ¿Qué quiere hacer él?

4. ¿Sus amigos se quedan en casa con él?

31. Quiero ir con vosotros

2. ¿Qué quieren hacer estas personas?

> MARTA: Hoy ha estado catorce horas en la oficina.
>
> PEDRO: Está de vacaciones en Inglaterra. Ha entrado en un banco.
>
> RAFAEL Y LUCÍA: Tienen mucha sed.
>
> ADELA: Le encanta el cine y hoy ponen una película buenísima.
>
> JOSÉ Y ANA: Se han casado y les gustan mucho los niños.

• •

II

Mi padre no quiere que me case contigo.

Así se dice lo que alguien quiere que otra persona haga o no haga.

Yo también te quiero, pero mi padre no quiere que me case contigo.

> Para decir lo que queremos que alguien haga, se usa querer que y un verbo en presente de subjuntivo:
>
> Quiero que termines pronto.
>
> Emilio quiere que Pepe vaya a Madrid.
>
> Ana no quiere que la ayudemos.
>
> Para proponer a otras personas hacer algo con ellos/ellas o para ellos/ellas, también se usa querer que:
>
> ¿Quieres que vaya contigo al médico?
>
> ¿Quieres que juguemos al tenis mañana?

quiero	trabajar
	beber
	escribir

quiero que	trabajes
	bebas
	escribas ☞ 8

PRESENTE DE SUBJUNTIVO

TRABAJAR	BEBER	ESCRIBIR
trabaje	beba	escriba
trabajes	bebas	escribas
trabaje	beba	escriba
trabajemos	bebamos	escribamos
trabajéis	bebáis	escribáis
trabajen	beban	escriban ☞ 6.7

3. Completa estas frases inspiradas en la Telecomedia con la forma verbal adecuada del recuadro.

haga	termine	tome	pase	empiece	se quede

1. Monitor: Quiero que usted haga diez kilómetros.

   No quiero que le … nada. Quiero que … usted otra vez, pero más despacio, por favor.

   Luis Cánovas: Y yo quiero que esto … pronto.

2. El médico quiere que David … dos días en la cama y que … la medicina, pero David no quiere tomarla.

31. Quiero ir con vosotros

4. ¿Qué quieren?

1. Jaime quiere ... Y también quiere que ...

2. Lucía quiere ... Por eso quiere que ...

3. Eugenio y Montserrat quieren ...

4. Pedro quiere que ...

5. Pilar y Lola quieren ...

● ●

III **Le aconsejo que no aparque aquí.** *Así se aconseja a alguien que haga o no haga algo.*

Le aconsejo que no aparque aquí.

Para dar consejos o hacer recomendaciones, ya conoces:

– el imperativo:

  No fume.

  Prueba este queso, está buenísimo.

– el verbo poder:

  — ¿Qué hago?

  — Puedes coger un taxi.

Pero también se puede usar aconsejar que y un verbo en presente de subjuntivo:

  Le aconsejo que no fume aquí.

  Os aconsejo que veáis esa película; es buenísima.

Para pedir consejo también se puede usar aconsejar:

  ¿Voy al cine o me quedo en casa? ¿Qué me aconsejas?

te	
le	aconsejo
os	
les	☞ 2

31. Quiero ir con vosotros

5. Da los siguientes consejos a las personas indicadas.

MODELO: 1.a) Te aconsejo que veas ''Mujeres al borde de un ataque de nervios''.

1.d) Les aconsejo que vean ''Mujeres al borde de un ataque de nervios''.

1. ver alguna película	5. ir a algún sitio
2. comprar en alguna tienda	6. visitar alguna ciudad
3. alojarse en algún hotel	7. leer algún libro
4. probar alguna comida	8. cenar en algún restaurante
a) tu compañero/a	c) unos/as amigos/as íntimos/as
b) el/la director/a	d) unos/as vecinos/as mayores

● ●

(IV) **Me gusta cocinar.** *Así se habla de lo que a uno le gusta hacer.*

¿Le gusta cocinar? *Y así se pregunta.*

Para hablar de las actividades que te gustan o no puedes usar el verbo gustar y un verbo en infinitivo:

Me gusta cocinar.

No le gusta nada viajar en avión.

6. Escucha y luego completa oralmente las frases.

1. A Rafael … … cocinar.

2. … los chicos no … gusta … en avión.

3. A Carlos no le … salir … …, pero … la chica sí … …

7. Cada alumno/a pregunta en secreto a otros/as cinco qué les gusta hacer los fines de semana. Después, cada uno/a lee las respuestas que tiene anotadas y los/las demás adivinan de quién se trata.

TRANSCRIPCIÓN DE LOS DIÁLOGOS DEL VÍDEO

PRIMERA PARTE

Presentación

PRESENTADOR: Hola.

MONITOR: Hola, ¿qué desea?

PRESENTADOR: Mire, quiero hacer deporte.

MONITOR: ¿Quiere perder peso... o quiere...?

PRESENTADOR: Yo sólo quiero hacer deporte. No, a mí me gusta hacer deporte, pero no tanto. Quiero ver el gimnasio. ¿Puedo?

MONITOR: Venga conmigo.

PRESENTADOR: Hasta luego.

Telecomedia

JUAN: ¡Hola, David!

DAVID: ¡Juan!

JUAN: ¡Atchíss! ¡Pero, bueno! ¿Qué te pasa, hombre?

DAVID: Me duele todo.

MARÍA: David, vamos... ¿Quieres comerte eso?

DAVID: No quiero comer, no tengo hambre.

JUAN: ¡Vaya, hombre! Pues yo he traído bombones.

MARÍA: Bombones, no, ¿eh? Esta mañana no ha desayunado. Y ahora no quiere comer.

JUAN: ¿No te gusta la sopa?

DAVID: No.

MARÍA: Imposible. Siempre te ha gustado.

DAVID: Pues hoy no... Quiero ver la tele.

MARÍA: Pues hoy no vas a ver la tele.

MARÍA: ¡Carmen! ¡Carmen! ¿Vienes un momento?

CARMEN: ¿Qué pasa? ... ¡Ah, Juan! ¿Ya estás aquí?

JUAN: Sí, ya estoy aquí.

MARÍA: Mira tu hermano.

CARMEN: Sí, ¿y qué?

MARÍA: No quiere comer.

CARMEN: ¿Quéee? ¿No quiere comer? ¡David! Come.

DAVID: No quiero.

MARÍA: Pues está buena.

DAVID: Quiero ir con vosotros.

CARMEN: ¿Cómo?

DAVID: Quiero ir con vosotros a Barcelona.

CARMEN: ¡Ah, no! Otra vez no. A Barcelona vamos a trabajar.

DAVID: Es que a mí me gusta viajar con vosotros.

JUAN: Pero es que... ¡Atchíss!

DAVID: Y me gusta ver el mar. En Barcelona hay mar, ¿no? Llévame, Juan.

CARMEN: ¡No puede ser!

DAVID: ¡Ay! ¡Me duele!

CARMEN: A ver, ¿dónde te duele?

DAVID: Aquí.

CARMEN: A ver, saca la lengua. Mamá, David tiene la lengua negra.

MARÍA: David, hijo, ¿qué te pasa? ... ¡Ay! ¡Pobrecito mi niño! Huele a chocolate.

JUAN: ¿A chocolate? ¿Y eso es malo?

SEGUNDA PARTE

Presentación

PRESENTADOR: ¡Puff! ¿Puedo descansar?

MONITOR: No. Quiero que haga diez kilómetros. Tranquilo, tranquilo. ¡No quiero que te pase nada! Ahora quiero que empieces otra vez, pero más despacio, por favor...

PRESENTADOR: Y yo quiero que termine esto. Y que ustedes vean el final de la historia de David.

MONITOR: Y yo le aconsejo que no hable y que siga practicando.

PRESENTADOR: Vale, vale... Hasta ahora...

Telecomedia

MÉDICO: Quiero que te quedes en la cama dos días y que te tomes esta medicina. Dos cucharadas por la mañana y dos por la noche.

DAVID: Yo no quiero tomar eso: es muy amargo.

MARÍA: Tú te lo vas a tomar.

MÉDICO: Mira, jovencito: te aconsejo que lo tomes. Hoy no puede comer nada. Mañana, un poco de pescado. Pero nada más. ¡Ah, y nada de chocolate y esas cosas!

MARÍA: ¿Chocolate? Él nunca come chocolate. No le gusta.

JUAN: ¡Atchíss!

CARMEN: Vamos, abre la boca, David.

DAVID: No puedo...

CARMEN: ¿Quieres que te tape la nariz? No quiere tomarlo. ¡Esto no puede ser! ¡Ay! Voy a terminar la maleta.

JUAN: Vamos, David. Quiero que te lo tomes ahora mismo. ¡Mmmm! De fresa... Buenísimo. De niño yo tomaba mucho.

DAVID: Pues tómate también éste.

MARÍA: Te aconsejo que te lleves esta chaqueta. Y llévate el paraguas también.

CARMEN: ¡Pero mamá! ... No quiero que te preocupes tanto.

DAVID: ¡Mamá! ¡Carmen!

CARMEN: ¿Qué pasa?

DAVID: No sé...

JUAN: Nada, no me pasa nada.

CARMEN: ¡Huy, huy, huy, huy! Tienes mucha fiebre. Tú no puedes viajar. ¿Y ahora qué hacemos?

DAVID: Dos cucharadas. ¡Dos!

PRESENTADOR: ¡Qué dolor...!

MONITOR: Dos kilómetros más. ¡Dos!

PRESENTADOR: Hasta pronto... ¡Espero!

31. Quiero ir con vosotros

● **AHORA YA PUEDES...**

decir lo que quieres o alguien quiere hacer:	Quiero casarme contigo. Luis quiere quedarse en casa.
decir lo que tú u otra persona queréis que alguien haga o no haga:	Quiero que juegues conmigo. Mi padre no quiere que nos casemos.
aconsejar a alguien que haga o no haga algo:	Le aconsejo que no aparque aquí. Te aconsejo que veas esa película.
hablar de lo que te gusta o a alguien le gusta hacer:	Me gusta cocinar. ¿A ti también te gusta cocinar? No me gusta viajar en avión.

32 Porque no está Juan

Al final de esta unidad podrás hablar de la causa o la finalidad de algo, así como del futuro.

I **¿Por qué no ha venido Juan?** *Así se pregunta por la causa o la razón de algo.*

Porque le duele la garganta. *Y así se contesta.*

Para preguntar por la causa o la razón de algo, se usa ¿por qué?
Para contestar a la pregunta, o para explicar una causa aunque no haya pregunta previa, se usa porque:

— ¿**Por qué** abre la boca?

— **Porque** tiene sueño.

El niño no quiere la sopa **porque** no le gusta.

Estas explicaciones se pueden dar usando también otros tiempos:

— ¿Por qué no vino ayer a trabajar?

— Porque estuve enfermo.

No te ha dejado el coche porque no quiere que corras.

1. Haz estas preguntas a tu compañero/a. Él/Ella elegirá la respuesta adecuada.

1. ¿Por qué lleva paraguas?	a) Porque tiene mucha prisa.
2. ¿Por qué tose?	b) Porque está lloviendo.
3. ¿Por qué corre?	c) Porque está acatarrado.
4. ¿Por qué no come?	d) Porque no le gusta el arroz.

32. Porque no está Juan

2. Dibuja un plano siguiendo las instrucciones. Luego, compáralo con el de tu compañero/a.

1. Sólo hay cinco calles en el plano.
2. Sólo una manzana de casas aparece completa.
3. Hay un coche rojo parado en un stop.
4. Hay una bicicleta parada en un semáforo en rojo.
5. Unas personas cruzan la calle por un paso de cebra; el semáforo está en verde para los peatones.
6. Hay un coche azul aparcado en lugar prohibido.
7. La calle del coche rojo no cruza la calle del coche azul.

3. Pregunta a tu compañero/a con ¿por qué? sobre el plano que habéis dibujado.

MODELO: A: ¿Por qué está parado el coche rojo?
B: Porque hay un stop.

4. Observa los dibujos y escucha. Luego, cuenta tú la historia.

MODELO:
Andrés salió ayer de casa y cogió un paraguas porque hacía mal tiempo.

¡VAYA DÍA!

1

2

3

4

5

6

II

— ¿Y para qué quieres tú dinero? — *Así se pregunta por la finalidad de algo.*

— Para comprar un cuadro. — *Y así se contesta.*

PRESENTE DE SUBJUNTIVO

hacer: haga

comprar: compre

salir: salga

ver: veas

buscar: busques

escuchar: escuches

comer: comas

escribir: escribas

jugar: juegues

☞ 6.7

Para hablar de la finalidad de algo, se usa ¿para qué? y para:

— ¿**Para qué** necesitas el diccionario?

— **Para** buscar una palabra.

También se usa para cuando se habla de las intenciones:

Marta ha bajado del coche **para** hacer una foto.

Pero si la persona que realiza la primera acción no es la misma que realiza la segunda, se usa para que y el subjuntivo:

Su amigo ha parado el coche **para que Marta haga** una foto.

Te voy a comprar libros **para que leas** estas vacaciones.

Por fin, si nos movemos para hacer algo, la finalidad del movimiento puede expresarse también con para o con a:

He venido **para** verte./He venido **a** verte.

Salimos **para** dar un paseo./Salimos **a** dar un paseo.

5. ¿Para qué se usan normalmente estas cosas?

MODELO: El diccionario, para buscar palabras.

32. Porque no está Juan

6. Vuelve a observar los dibujos del ejercicio anterior. Son objetos que Marta va a regalar a su amigo Andrés, aunque algunos son algo raros. ¿Qué le dice?

Te voy a regalar...

... Un diccionario para que busques las palabras.

FÍJATE:

Traigo este libro **para** leerlo.

Te traigo este libro **para que** lo leas.

☞ 8

● ●

III

Mañana lloverá en toda España.
Te casarás y serás feliz.

Así se hacen previsiones y predicciones.

Tranquila, que no pasa nada.

Así se tranquiliza a alguien.

Para hablar del futuro se puede usar la forma ir a + infinitivo, pero también se puede usar el futuro de indicativo:

Mañana **iré** al centro y **compraré** los libros. Y por la tarde **veré** al profesor del niño.

FUTURO

comprar ver ir	-é
	-ás
	-á
	-emos
	-éis
	-án ☞ 6.6

FUTUROS IRREGULARES

hacer: haré	salir: saldré	poner: pondré	poder: podré
decir: diré	venir: vendré	tener: tendré	☞ 6.6.a)

7. Lee este horóscopo. Luego, haz el horóscopo de varios/ias compañeros/as y léelos en voz alta. Los/Las demás adivinarán para quiénes son.

Conocerás muy pronto a un/a joven, guapo/a y muy rico/a, y se casará contigo enseguida. Tendréis una niña, haréis un viaje y os visitará una persona muy importante.

TRANSCRIPCIÓN DE LOS DIÁLOGOS DEL VÍDEO

PRIMERA PARTE

Presentación

PRESENTADOR: ¿Entramos? Es muy interesante. ¿Por qué va tan rápida? ¿Por qué va usted tan rápida?

MUJER TURISTA: Porque tengo mucha prisa.

NIÑO: ¿Por qué abre la boca ese señor?

PRESENTADOR: Porque le gusta mucho. Tranquilos, que enseguida vuelvo.

Telecomedia

AYUDANTE DE DIRECCIÓN: ¡Carmen, esta barca es perfecta! Ven, mira.

CARMEN: Voy enseguida.

DIEGO: ¿Por qué no ha venido Juan?

CARMEN: Porque le duele la garganta.

DIEGO: ¿Y el guión? ¿Quién lo hace?

CARMEN: Un momento, que voy a hablar con este señor.

DIEGO: Vale, vale, pero sin guión...

AYUDANTE DE DIRECCIÓN: ¡Diego, mira la barca!

DIEGO: ¡Cuidado, que te caes!

AYUDANTE DE DIRECCIÓN: Tranquilo, que no pasa nada.

DIEGO: No pasa nada, ¿eh?

SCRIPT: Carmen, ¿por qué está esto aquí?

CARMEN: Espera un momento, por favor.

DIEGO: Oye, Carmen, ¿por qué no...?

CARMEN: ¡Porque no!

DIEGO: Es que sin guión...

AYUDANTE DE DIRECCIÓN: ¡Aaaaah!

DIEGO: No pasa nada, ¿eh? Oye, ¿ha llegado el guión de Juan?

CARMEN: No lo sé.

DIEGO: ¿Por qué no llamas?

CARMEN: Porque no tengo tiempo. Llámalo tú.

DIEGO: Llámalo tú, llámalo tú... ¡Llámalo tú!

SEGUNDA PARTE

Presentación

NIÑO: Oye, ¿tienes dinero?

PRESENTADOR: ¿Para qué?

NIÑO: Para comprar un cuadro.

PRESENTADOR: ¡Je! Para comprar un cuadro. Estos cuadros no los venden.

NIÑO: Es difícil pintar, ¿verdad?

PINTOR: No, es muy fácil.

VOZ: ¡Ángel!

NIÑO: Es mi madre.

MADRE: Vamos o perderemos el autobús.

PRESENTADOR: Es verdad. ¡Qué tarde! Me voy o yo también perderé el autobús.

Telecomedia

DIEGO: ¡Hombre, Juan, qué alegría, qué bien! ¿Y la garganta?

JUAN: Bien, gracias.

DIEGO: ¿Y el guión?

JUAN: Espera; voy a buscarlo. Aquí está. Toma.

DIEGO: Te hemos estado llamando.

JUAN: ¿Para qué?

DIEGO: Para hablar contigo. Es que no podemos vivir sin nuestro profesor. Sobre todo Carmen. Voy a decírselo.

JUAN: Chisss... No le digas nada, que quiero darle una sorpresa.

AYUDANTE DE DIRECCIÓN: ¿Para qué me has llamado?

CARMEN: ¿Todo bien?

AYUDANTE DE DIRECCIÓN: Sí, no te preocupes, que todo saldrá bien.

CARMEN: Lo siento. Es que es muy difícil trabajar sin Juan. ¿Lloverá?

AYUDANTE DE DIRECCIÓN: No. Esta noche no.

CARMEN: ¡No puedo más!

AYUDANTE DE DIRECCIÓN: Todo está saliendo muy bien.

CARMEN: ¡Juan!

CANTANTES: ¡Presente! ¿Qué Juan? ¿Quién? ¡Yo me llamo Juan! Y yo también.

AYUDANTE DE DIRECCIÓN: ¡Corten!

PRESENTADOR: Ya ven ustedes. Perdí el autobús. Hasta luego.

32. Porque no está Juan

AHORA YA PUEDES...

preguntar por la causa de algo:	¿Por qué no ha venido Juan?
y contestar:	Porque le duele la garganta.
preguntar por la finalidad de algo:	¿Para qué necesitas el diccionario?
y contestar:	Para buscar una palabra.
hablar del futuro y hacer previsiones:	Iremos a España. Hará buen tiempo en todo el país.
tranquilizar a alguien:	Tranquilo, que no pasa nada.

Al acabar esta unidad serás capaz de hablar del lugar y del momento en que suceden las cosas, así como de concertar una cita.

I

— **¿Dónde es el concierto?**   *Así se pregunta dónde tiene lugar algo.*

— **Aquí, en este teatro.**   *Y así puede contestarse.*

¿Dónde es la cena?
¿Dónde está tu amigo?

☞ 4.f),14

Se usa el verbo ser para hablar de dónde tiene lugar un evento:

La fiesta ha sido en la plaza del pueblo.

¿Dónde será la exposición?

Observa que el verbo ser se usa para decir dónde tiene lugar un acontecimiento, y el verbo estar, para localizar a una persona, un animal o una cosa:

¿Dónde es la boda?	¿Dónde está tu amigo?
¿Dónde será la reunión?	¿Dónde estaba el perro?
¿Dónde ha sido la cena?	¿Dónde está el libro?

1. Has organizado una serie de eventos a los que has invitado a algunos/as amigos/as. Prepara unas notas diciendo dónde son.

1. una cena con tus amigos y amigas

2. una fiesta de cumpleaños

3. un concierto de guitarra

4. una reunión de estudiantes de español

33. ¿Nos vemos esta noche?

2. Completa con ser o estar.

1. La cena ... aquí, en el Hotel Rex.

2. ¿Dónde ... mi camisa? No la encuentro.

3. La comida ... en el restaurante "El jamón", y la fiesta, en el jardín.

4. El señor Cánovas no ... en casa. Salió a las nueve.

3. Vas a oír tres diálogos. ¿De qué acontecimiento se habla en cada uno de ellos? ¿Dónde tienen lugar?

● ●

II | **¿Cuándo es el concierto?** | *Así se pregunta por el momento en que tiene lugar un evento.*

Dentro de dos días. | *Y así puede contestarse.*
El 14 de octubre.
El lunes próximo.

Para hablar del **momento** en que tiene lugar un evento también se usa el verbo ser:

— ¿Cuándo es la cena?

— Es el lunes próximo.

— ¿Qué día es la salida?

— El cinco de febrero.

— ¿A qué hora es la salida?

— **Dentro de** media hora.

— ¿A qué hora es la llegada?

— A las ocho y cuarto.

4. Mira la agenda de Luis Cánovas. Di cuándo tendrán lugar estos eventos:

MODELO:

1. La cena con Juan será el martes tres de septiembre.

1. la cena con Juan

2. el viaje a Sevilla

3. la reunión con su jefe

4. la visita al dentista

5. el cumpleaños de Emilio

5. Ésta es una página de una revista española de información televisiva. Tu compañero/a escoge tres películas y te pregunta a qué hora son. Contéstale.

NO LO OLVIDES:

	a las diez.
	el jueves.
El concierto será	**el** ocho.
	en abril.
	en 1994.

MODELO: A: ¿A qué hora es ''Españolas en París''?

B: A las once de la mañana.

MIÉRCOLES 8

PELÍCULAS

10.00 LO QUE CUENTA ES EL FINAL	Canal +
11.00 ■ ESPAÑOLAS EN PARÍS	Tele 5
14.30 SAL GORDA	Canal +
16.00 ■ EL HIJO DEL ÁRABE	Canal Sur
16.05 ¿QUÉ PASÓ ANOCHE?	Canal +
16.20 ■ EL ZORRO CABALGA OTRA VEZ	Telemadrid
16.25 ■ EL MUERTO QUE HABLA	Canal 9
16.30 NORMAN AMA A ROUS	La 2
20.00 ACORRALADO EN LAS VEGAS	Canal +
21.30 ■ NEW YORK, NEW YORK	TV-3
21.30 ■ O FERROVIARIO	TVG
21.30 ■ POLTERGEIST II	ETB-1
21.35 ■ EL SARGENTO NEGRO	Canal Sur
21.35 ■ LAS SANDALIAS DEL PESCADOR	Canal 9
22.00 ■ PORKY'S	Tele 5
22.00 ■ GUARAPO	Canal +
22.00 ■ INVASIÓN EN BIRMANIA	Antena 3
23.45 COP	Canal +
0.15 ■ EL MANANTIAL	Telemadrid
0.20 SANGRE Y ENCAJE	Tele 5
0.30 ÚLTIMAS IMÁGENES DEL NAUFRAGIO	La 2

■ Películas cuyo comentario aparece en esta página

11.00, Tele 5
ESPAÑOLAS EN PARÍS

(1971). Director: Roberto Bodegas. Intérpretes: Laura Valenzuela, Ana Belén, Máximo Valverde, José Sacristán. Color. 92 minutos. España

★★

A partir del hecho social del elevado número de españolas que trabajan como criadas en París a comienzos de los setenta, el productor José Luis Dibildos y Antonio Mingote escriben una comedia dramática, falsa y tremendista, que se convierte en la primera película dirigida por Roberto Bodegas.

16.00, Canal Sur
EL HIJO DEL ÁRABE

'Il figlio dello sceicco' (1978). Director: Bruno Corbucci. Intérpretes: Tomás Milian, Bo Stevenson, Gilia Kiraten, Buenaventura Apostole. Color. 90 minutos. Italia.

21.3
NEW
NEW

(1977). Director: térpretes: L. Min 'Scope'. 150 r

★

Por culpa de u. cribiendo a medic musical de ampli duración, sobre l. saxofonista y una va York de desp Mundial, no lle, que pretende Mar

21.30
O FERR

'Il ferroviere' (19 Germi. Intérprete Koscina. 107

★

●●●●●●●●●●●●●●●●●●●●●●●●●●●●●●●●●●●

(III)

— **¿A qué hora quedamos?**

— **A las nueve, en mi casa.**

Así se concierta una cita.

Para concertar una cita, se usa el verbo quedar:

— ¿Cuándo quedamos?   — ¿A qué hora quedamos?

— A las cinco en mi oficina.   — A las ocho y media.

— ¿Qué día quedamos?   — ¿Dónde quedamos?

— El día ocho en Santander.   — En la Universidad.

Si quieres proponer la hora y el lugar de la cita, hazlo así:

¿Quedamos a las cinco en mi casa?

Para los mismos propósitos se pueden usar estos otros recursos:

¿Cuándo nos vemos?

¿Nos vemos a las cuatro en la Plaza Mayor?

¿Cuándo puedo verlo, don Antonio?

Para hablar de una cita ya concertada, se usa quedar con:

He quedado con Pilar a las cinco.

Si hablas de la cita de otras personas, puedes decir:

Luis ha quedado **con** Pilar a las cinco.

Luis **y** Pilar ha**n** quedado a las cinco.

6. Escucha y lee. Luego representa el diálogo con un/a compañero/a.

PILAR: Hola, Luis. ¿Qué tal?

LUIS: Muy bien. Hoy es mi cumpleaños.

PILAR: ¿Tu cumpleaños? Muchas felicidades.

LUIS: Gracias. Oye, esta noche tenemos una fiesta. ¿Quieres venir?

PILAR: Sí, claro. ¿A qué hora es?

LUIS: A las doce, en la discoteca que está debajo de mi casa.

PILAR: Entonces, ¿a qué hora quedamos? ¿A las doce en la discoteca?

LUIS: No, he quedado con todos en mi casa, a las nueve. Cenamos, y después bajamos a la discoteca.

PILAR: Muy bien. Entonces, nos vemos a las nueve en tu casa. Hasta la noche.

 7. Contesta a las siguientes preguntas sobre el diálogo del ejercicio anterior.

1. ¿A qué hora ha quedado Luis con Pilar?

2. ¿Dónde han quedado?

3. ¿Para qué han quedado?

4. ¿Por qué ha invitado Luis a Pilar?

5. ¿A dónde van a ir después?

6. ¿A qué hora irán a bailar?

 8. Mira la agenda de Luis Cánovas. ¿Qué ha dicho para concertar estas citas?

MODELO:

1. ¿Quedamos el lunes a las dos en el restaurante ''Pepe''?

    1. María   2. Jefe   3. Padre   4. Javier

TRANSCRIPCIÓN DE LOS DIÁLOGOS DEL VÍDEO

PRIMERA PARTE

Presentación

PRESENTADOR: Buenas tardes.

PRIMER CONSERJE: Buenas tardes.

PRESENTADOR: Perdone. Estamos en Barcelona. Éste es el Palau de la Música. ¿Dónde es el próximo concierto de otoño?

PRIMER CONSERJE: Aquí, en el Palau.

PRESENTADOR: ¿Y cuándo es?

PRIMER CONSERJE: Un momento. ¿Cuándo es el próximo concierto?

SEGUNDO CONSERJE: Un momento. ¿Cuándo es el próximo concierto?

TERCER CONSERJE: Dentro de dos días. El catorce de octubre.

SEGUNDO CONSERJE: Será el catorce de octubre. Dentro de dos días.

PRESENTADOR: Gracias.

PRIMER CONSERJE: Señor, el concierto va a empezar. Venga, venga.

Telecomedia

JUAN: Por favor, dígame. ¿Cuál es el programa de este año?

HISTORIADOR: Vamos a ver. Hay varios conciertos y exposiciones.

JUAN: Hábleme de las exposiciones.

HISTORIADOR: Las exposiciones se celebrarán aquí, en el Palacio de Exposiciones.

JUAN: ¿Y los conciertos, dónde son?

HISTORIADOR: En el Palau de la Música.

JUAN: ¿Cuándo?

HISTORIADOR: El catorce de octubre. Dentro de una semana.

CARMEN: ¿Eh?... ¡No puede ser!

HISTORIADOR: Sí, sí, señorita, el 14 de octubre en el Palau.

JUAN: Claro, el profesor lo sabe mejor que tú y que yo.

ÓSCAR: ¿Cuándo es la fiesta?

CHICA ORIENTAL: Esta noche.

ÓSCAR: ¿Dónde es?

CHICA ORIENTAL: En mi hotel... Quiero que vengas... Vendrás, ¿verdad?

ÓSCAR: ¡Taxi! ¡Oiga!

JUAN: ¡Carmen!

CHICO: ¡Oigan!

CHICA: ¡Esas bicicletas son nuestras!

SEGUNDA PARTE

Presentación

PRESENTADOR: El piso es muy bonito.

SEÑOR: Cuidado, que se va a manchar.

PRESENTADOR: Gracias. Entonces, ¿cuándo puedo verle?

SEÑOR: Lo siento, he quedado con el abogado a las dos. Vaya a la oficina el jueves a las cuatro y media.

PRESENTADOR: De acuerdo. Entonces, nos vemos el jueves.

SEÑOR: Sí, sí, a las cuatro y media. Cuidado.

Telecomedia

ÓSCAR: ¿Nos vemos esta noche?

CHICA ORIENTAL: Sí, a las 10.

ÓSCAR: ¿Dónde quedamos?

CHICA ORIENTAL: Aquí, en mi hotel.

ÓSCAR: Muy bien, iremos el director y yo para firmar el contrato.

ÓSCAR: ¿Por qué se alegra?

JUAN: Porque he ganado yo.

ÓSCAR: ¿Sí? Enhorabuena. ¡Pero la próxima vez ganaré yo!

JUAN: No creo.

CARMEN: Enhorabuena, campeón.

JUAN: Gracias.

CARMEN: ¡Hola campeón!

JUAN: ¿Campeón?

PRESENTADOR: Hasta luego.

33. ¿Nos vemos esta noche?

 AHORA YA PUEDES...

hablar de dónde tiene lugar un evento:	— ¿Dónde es el concierto? — Aquí, en este teatro.
hablar de cuándo tiene lugar un evento:	¿Cuándo es el concierto? Dentro de dos días. El 14 de octubre. El lunes próximo.
concertar una cita: o hablar de ella:	— ¿A qué hora quedamos? — A las nueve, en mi casa. He quedado con Pilar a las cinco. Luis y Pilar han quedado a las cinco. Ana y Elena han quedado en la Plaza.

34 Carmen está triste

Al final de esta unidad podrás hablar de cómo se encuentran las personas o las cosas, es decir, de su estado y de sus capacidades. También sabrás ofrecer ayuda.

I   **Carmen está cansada y triste.**   *Así se dice cómo se encuentra física y psíquicamente alguien.*

Ya sabes que el verbo estar se usa para:

– localizar a las personas o las cosas: Marta está en la playa.

– hablar del estado civil: ¿Está usted casada?

– decir qué está haciendo alguien: Carmen está durmiendo.

– opinar sobre algo que se acaba de probar: Este café está frío.

Estar también se usa para referirse al estado de las cosas o al estado físico o psíquico de las personas, con palabras como:

– cansado/a, desnudo/a, vestido/a, roto/a, limpio/a, sucio/a, dormido/a, etc., para hablar del estado o apariencia físicos:

    No entres, que estoy desnudo.   La botella está llena.

– enfermo/a, sano/a, bien, mal, mejor, peor, etc., para hablar de la salud:

    Me parece que Carmen está enferma.   El niño ya está mejor.

– contento/a, triste, nervioso/a, etc., para hablar de cómo se encuentran psíquicamente las personas:

    Carmen está triste y nerviosa.   Hoy, Juan no está contento.

– sentado/a, de pie, etc., para referirse a la posición:

    Carmen está sentada.   Juan está de pie, a su lado.

FÍJATE:

Carmen es guapa.

Carmen está guapa.

☞ 14.2.l)

34. Carmen está triste

1. Escucha el diálogo. Luego complétalo con un/a compañero/a.

JUAN: Carmen, ¿qué te pasa? ¿... bien? ¿Necesitas algo?

CARMEN: No, gracias, ... muy bien.

JUAN: ¿Sí?

CARMEN: ¡... muy bien!

JUAN: ¿Ves? ... enfadada. ¿... enfadada conmigo?

CARMEN: No, no ... enfadada contigo. ... bien, de verdad. ¿Vamos a estar aquí mucho tiempo?

JUAN: ¿Por qué me preguntas eso? ... cansada, Carmen.

CARMEN: ¡No! No ... cansada, ni ... enfadada, ni ... nerviosa, ¡... muy bien! ¿Lo ves? ... muy bien.

JUAN: Bueno. Yo voy a visitar la catedral. ¿Vienes?

CARMEN: No. Entra tú. Yo te espero aquí.

JUAN: Mira, Carmen, a ti te pasa algo. ... nerviosa, triste. ¿Qué te pasa?

CARMEN: No sé. Estoy…

2. Fíjate en los dibujos y completa las frases. Usa las palabras del recuadro.

dormido/a	sucio/a	de pie
sentado/a	limpio/a	roto/a
despierto/a	enfermo/a	

1. Carmen está ... .

2. Carmen está ... ; pero Juan está ... .

3. Juan está ... y Carmen, ...

4. La botella está ... .

5. El suelo está ... .

6. Ahora el suelo está ... .

1

2

3

4

5

6

3. Mira otra vez los dibujos del ejercicio anterior y completa este texto. Si lo necesitas, usa el diccionario.

Hoy, Carmen se ha quedado en la cama porque ... enferma; ha tomado unas medicinas y en este momento ... dormida, descansando. Juan ... a su lado.

Pero, afortunadamente, Carmen no está muy enferma y ya se ha levantado: ahora ... sentada en una silla y Juan ... de pie, a su lado.

Carmen tiene sed y Juan ha ido a la cocina a buscar agua; pero Juan ha roto la botella. Mírala: ... rota en el suelo de la cocina, y el suelo ... muy sucio. Pero, claro, Juan ha barrido el suelo y ¡ya ... limpio!

● ●

II

Tú no puedes levantar esta maleta.

Así se habla de la capacidad para hacer algo.

¿Quiere que le ayude?
¿Te echo una mano?

Así se ofrece ayuda a alguien.

RECUERDA:
No puedo conducir. ≠ No sé conducir.

Ya sabes que el verbo poder se usa para:

– pedir permiso o preguntar si está permitido o existe la posibilidad de hacer una cosa:

¿Puedo fumar?   ¿Se puede entrar aquí?

– pedir o mandar algo cortésmente:

¿Puede venir un momento?

– preguntar por los medios de transporte disponibles para ir a un sitio:

¿Cómo se puede ir a Málaga?

Seguido de verbos en infinitivo como hablar, beber, subir, o de la palabra con, el verbo poder sirve para hablar de las capacidades de las personas:

No puedo hablar porque me duele la garganta.
El paquete pesa mucho, y no puedo con él.

Si ves que alguien no puede hacer algo o es incapaz de resolver por sí solo un problema, puedes ofrecerle tu ayuda con frases como éstas:

¿Necesita usted ayuda?   ¿Le ayudo?
¿Quiere que le ayude?
¿Te echo una mano?   ¿Te ayudo?

34. Carmen está triste

 4. Lee el diálogo entre la niña y Luis Cánovas con un/a compañero/a. Luego, escucha y habla en lugar de Luis Cánovas.

 5. Observa los dibujos, escucha y luego completa el texto.

1. Pepe es poco ... y no ... levantar la maleta, pero Ana le va a ayudar. Y los dos juntos sí ... levantarla.

2. Julio quiere ... el paquete en el coche, pero no ... , ¡claro!

3. El abuelo no puede ... porque hoy ha ... mucho.

 6. Ofrece ayuda a las personas de los dibujos del ejercicio anterior. Un/a compañero/a te contestará.

MODELO: 1. A: Pepe, ¿te echo una mano?

B: Sí, gracias. Es que pesa muchísimo.

34. Carmen está triste

TRANSCRIPCIÓN DE LOS DIÁLOGOS DEL VÍDEO

PRIMERA PARTE

Presentación

PRESENTADOR: Ehhh...

EMPLEADO: ¿Necesita usted ayuda?

PRESENTADOR: Sí, gracias. Estoy mareado. Estoy mareado.

VIEJECITA: Pues yo estoy muy bien. ¿Le ayudo?

PRESENTADOR: Sí, gracias.
   Estoy cansado. Está dormida.
   No cabe. Ahora sí cabe.

Telecomedia

JUAN: Carmen, ¿qué te pasa? ¿Estás bien? ¿Necesitas ayuda?

CARMEN: No, gracias, estoy muy bien. ¡Estoy muy bien!

JUAN: ¿Estás enfadada conmigo?

CARMEN: No, no estoy enfadada contigo. Estoy bien, de verdad. ¿Vamos a estar aquí mucho tiempo?

JUAN: ¿Por qué? ¿Ya estás cansada?

CARMEN: ¡No! No estoy cansada, ni estoy enfadada, ni estoy nerviosa. ¡Estoy de muy buen humor! ¿Lo ves? Estoy de un humor estupendo.

JUAN: Mira, Carmen. Yo voy a visitar La Sagrada Familia. ¿Vienes?

CARMEN: Te espero aquí.

JUAN: ¿Por qué no vienes?

CARMEN: Porque no.

JUAN: ¿Qué tal estás?

CARMEN: Bien, bien. ¡Mal!

JUAN: ¿Cómo?

MUJER ORIENTAL: Por favor, ¿puede hacernos una foto?

CARMEN: No, lo siento, no caben todos.

JUAN: ¡Carmen!

CARMEN: ¡Son muchos! ¡No caben en una foto...!

MUJER ORIENTAL: ¿Qué?

CARMEN: Traiga.

JUAN: ¿Por qué has hecho eso?

CARMEN: Lo siento.

JUAN: Perdone, está mareada... Estás muy nerviosa y de mal humor. ¿Qué te pasa?

CARMEN: ¡Estoy muy triste!

SEGUNDA PARTE

Presentación

NIÑA: ¡Oiga! ¿Me ayuda? No puedo subir.

PRESENTADOR: ¿No puedes subir? ¡Uf! ¡Cuánto pesa esta niña! ¡No puedo con ella!

NIÑA: Pues mi padre puede con 100 kilos. ¡Cuánto pesas! ¡No puedo contigo!

Telecomedia

PAYASO: ¡Cuánto pesa esta maleta! ¡No puedo levantarla!

PAYASA: ¿Te echo una mano? Yo sí puedo con ella. Mira.

PAYASO: ¡Qué fuerte eres!

PAYASA: ¡Y puedo correr con la maleta en la cabeza! ¿Quieres verlo?

PAYASO: No me lo creo. ¿Puede correr?

TODOS: ¡Noooo!

PAYASA: ¿Puedo o no puedo correr?

TODOS: ¡Síííí!

PAYASA: ¿Quieres que te lleve a ti también? Puedo contigo y con la maleta. ¡Adióóós!

ÓSCAR: ¡Carmen! ¿Qué hacéis?

JUAN: ¿Yo...? Nada.

CARMEN: ¿Y tú? Estás muy bien acompañado.

ÓSCAR: ¡Carmen!

CARMEN: ¡Bruto!

NIÑOS: ¡Bravo!

PAYASO: Oye, Carmen...

PAYASA: Bruto. Eres un bruto ¡Vete! ¡No quiero volver a verte!

PAYASO: ¿No quieres volver a verme?

PAYASA: No, nunca.

PAYASO: Pues muy bien. ¡Adiós!

PAYASA: ¡Adiós!

CARMEN: Nunca más, nunca más.

PRESENTADOR: No estén tristes. Esto cambiará, ya verán. Hasta el próximo programa.

34. Carmen está triste

● **AHORA YA PUEDES...**

hablar del estado físico o psíquico de las personas:	Carmen está cansada. Carmen está enferma. Hoy está muy nerviosa.
hablar de la apariencia física de las personas y de las cosas:	No entres, que estoy desnudo. La botella está llena.
y de la posición en que se encuentran:	Carmen está sentada.
hablar de la capacidad para hacer algo:	No puedo levantar esta maleta. Yo sí puedo con ella.
ofrecer ayuda a alguien:	¿Quiere que le ayude? ¿Necesita ayuda? ¿Te ayudo? ¿Te echo una mano?

Dice que no va

Al final de esta unidad serás capaz de transmitir las informaciones y deseos de otra persona.

I

Dice que se ha despertado temprano.

Así se transmiten las palabras de otra persona.

Para transmitir las palabras de otra persona se usa decir que:

> Isabel dice que llegará mañana en el tren.
> La radio ha dicho que hay poco tráfico.
> Dice Diego que vamos a cenar por ahí.

No olvides hacer los cambios necesarios en la frase:

> Alberto dice: "**Yo** har**é** hoy el desayuno".
> Alberto dice **que él** har**á** hoy el desayuno.

> Rosi dice: "**Os** invit**o**".
> Rosi dice **que los** invit**a**.

Alberto dice:
"**Yo** har**é** hoy el desayuno".
Alberto dice **que él** har**á** hoy el desayuno. ☞ 8

NOS LO DICE/SE LO DICE

1. A. Carmen **nos** dice que no irá a Galicia.
      (a nosotros)

   B. Carmen **le** dice que no irá a Galicia.
      (a Diego)

2. que no irá a Galicia.
   Carmen **lo** dice.

3. A. Carmen **nos lo** dice.

   B. Carmen le lo dice. ➞ Carmen **se lo** dice.

☞ 2.2

35. Dice que no va

 1. Mira el dibujo y lee el diálogo con dos compañeros/as.

NIÑO: Mamá, aquí hay una nota de papá.

MADRE: ¿Y qué dice?

NIÑO: Que se ha despertado temprano y que ha salido a dar un paseo con el perro.

MADRE: ¿No dice nada más?

NIÑO: Sí, que volverá a las diez aproximadamente. ¡Ah! y que él hará hoy el desayuno.

MADRE: ¿A las diez? Pues son las once y media...

PERRO: ¡Guau!, ¡guau!, ¡guau!

NIÑO: Gufi, ¿qué haces aquí?

NIÑA: Mamá, la televisión está encendida y papá está durmiendo en el sillón.

 2. ¿Qué dice la nota de Alberto en el dibujo del ejercicio 1?

La nota de Alberto dice que…

 3. ¿Qué dicen Javier y Vicenta?

MODELO: Javier dice que nació en Cáceres y que…

 4. Dile algo al oído a un/a compañero/a. Él/Ella lo transmite a un/a tercero/a, que manifiesta si está de acuerdo o no.

MODELO: A (a B): Hace buen tiempo.

B (a C): Dice Julio que hace buen tiempo.

C: Estoy de acuerdo./No estoy de acuerdo.

5. ¿Qué dicen los periódicos?

Los españoles comemos más pescado que nuestros vecinos europeos

VEINTE MIL JÓVENES BUSCAN SU PRIMER TRABAJO

ESTE MES HA HABIDO MENOS PROBLEMAS DE TRÁFICO EN MADRID

Las prácticas
analizado en
se celebró la
Las conclusi
nadas, han
relación en
Adquirida
tos como la

el consumo de pescado, ín-

YA SE PUEDEN COMPRAR ENTRADAS PARA LOS JUEGOS OLÍMPICOS

rdan   bién. La pregunta ahora es
pa-   ta tendencia
vin-   a los factores
ta-   te mencionac
ía.   medidas restr
             ha puesto en

EL REAL MADRID NO JUGÓ BIEN EN BILBAO

El director del teatro Apolo, enfermo

acha lleva el Madrid que
ta temporada lleva sin
ar fuera de casa. Después

Lluvias en Galicia y tormentas en las montañas de León el próximo fin de semana

uestra re
a venta l
los Juego
s al res
oy mism
de re
Gobi,

Fermín Sánchez, director del teatro Apolo
ha sido ingresado en el Ho
aque
circu
de r

s esperan
mpeonato
o, jornada
do puestos

El Museo del Prado estará abierto esta semana hasta las 10 de la noche

● ●

II

Dice que haga deporte.
Dice que coma menos.

Así se transmiten las órdenes, peticiones o sugerencias de otro.

Comes poco.

Cuando lo que se transmite son órdenes, peticiones, sugerencias, instrucciones, consejos, etc., y no una simple información, la frase transmitida debe llevar el verbo en una forma del subjuntivo.

María dice que **vayas** a bailar.

Carmen le dice a Diego que **busque** a otra persona.

Compara:

El médico dice que no **hace** usted mucho deporte. ≠
El médico dice que no **haga** usted mucho deporte.

El médico le dice que **come** poco. ≠
El médico le dice que **coma** poco.

¡Come menos!

Le dice: "Comes poco".   Le dice que come poco.
Le dice: "¡Come menos!"   Le dice que coma menos.   ☞ 8

35. Dice que no va

6. ¿Qué le dicen a Tomás?

MODELO: 1. Su madre le dice que cruce…

RECUERDA:

Presente de subjuntivo

trabaj**e**

beb**a**

escrib**a** ☞ 6.7

1. su madre   2. su profesor   3. su hermano   4. su padre

7. Lee el anuncio. Hay en él varias palabras que todavía no conoces, pero no importa: no es necesario que lo entiendas todo. Después, di si las afirmaciones son verdaderas o falsas.

Harry el Sucio

Éste es Harry. Harry es un típico europeo de un año de edad. En su primer año, Harry ha producido más de 200 kg. de basura. Pero esto es sólo el principio. Durante su vida Harry producirá unos 650.000 kg., ¡él solo!, y todos los europeos harán lo mismo. ¿No podemos parar esto? Sí: usa metal, cristal, papel y otras materias reciclables, y no plástico; cambia tu coche por otro que funcione con gasolina sin plomo; no laves la ropa con cualquier jabón …

¿Servirá para algo? ¡Claro que sí! Produciremos mucha menos basura, 150.000 kg. menos cada persona. Vivirás mejor y Harry no será ya Harry el Sucio.

El texto dice:
1. que Harry tiene un año;
2. que sólo los niños producen basura;
3. que hay demasiada basura en Europa;
4. que se puede hacer algo para que haya menos basura;
5. que no usemos el coche;
6. que lavemos menos la ropa.

35. Dice que no va

 TRANSCRIPCIÓN DE LOS DIÁLOGOS DEL VÍDEO

PRIMERA PARTE

Presentación

PRESENTADOR: ¡Oiga, por favor, que ho hay servilletas!

CAMARERO: Enseguida las llevo.

PRESENTADOR: Hola. ¿Qué tal están hoy? Yo estoy aquí con estos chicos. ¿Adónde vais a ir?

CHICO: Queremos ir a bailar.

PRESENTADOR: Dicen que quieren ir a bailar. ¿Y por qué no vais?

CHICO: Porque hacen falta dos coches y sólo tenemos uno. ¿Entiendes?

PRESENTADOR: Ya, ya. Pero yo tengo el coche ahí.

CHICO: Oye, Luis dice que tiene el coche ahí.

ANA: ¿De verdad?

PRESENTADOR: ¡Vamos!

Telecomedia

DAVID: Mamá dice que está la cena en la mesa.

CARMEN: No tengo hambre.

DAVID: ¿Qué es eso?

Luis, ven.

CARMEN: ¡Nada! Vete a la cocina. ¡No quiero cenar!

DAVID: ¡Mamá, Carmen dice que no quiere cenar!

CARMEN: Quiero estar sola, ¿entiendes?

DAVID: Éste es Juan, ¿no?

CARMEN: ¿Dónde está el otro trozo?

DAVID: Aquí.

MARÍA: David, hace falta pan. Baja a comprar.

DAVID: Carmen dice que no quiere cenar...

MARÍA: ¿Por qué? ¿Qué te pasa?

CARMEN: Nada. ¡Quiero estar sola!

MARÍA: ¿Qué le pasa a esta chica?

ROSI: Dice Diego que vamos a cenar por ahí. ¿Te vienes?

JUAN: No. Yo voy a quedarme para terminar esto.

ROSI: Venga, hombre, que es muy tarde...

JUAN: Es que no puedo, tengo mucho trabajo.

DIEGO: Oye Juan, dice Rosi que te quedas. ¿Por qué no vienes?

JUAN: Porque no puedo.

DIEGO: ¿Para qué sirve esto?

JUAN: Para abrir cartas.

DIEGO: ¡Vámonos! Rosi dice que nos invita.

JUAN: No quiero ir a ningún sitio.

DIEGO: Pero...

JUAN: ¡He dicho que no! ¿Entiendes?

DIEGO: Sí, sí. Bueno. Hasta mañana. ¡Rosi, vámonos, que Juan dice que no viene!

ROSI: ¿Entonces no...?

DIEGO: ¡Shhhh! Vamos, que el chico tiene trabajo, ¿comprendes?

SEGUNDA PARTE

Presentación

ANA: Dice María que vayas a bailar.

PRESENTADOR: ¿Cómo dices?

MARÍA: ¡Que vengas a bailar!

PRESENTADOR: Después... Dicen que vaya a bailar.

CHICO EXTRANJERO: ¿Quieres?

PRESENTADOR: No, gracias. Fumar es malo para la salud.

CHICO: ¿Cómo? No se oye bien.

PRESENTADOR: ¡Que fumar es malo para la salud!

CHICO EXTRANJERO: Cuidado con esa tos.

Telecomedia

CARMEN: Buenos días.

ROSI: Chica, ¡qué cara tienes! ¿Estás enferma?

CARMEN: Quiero hablar con Diego.

ROSI: Bueno, bueno, me voy... Estáis todos más...

DIEGO: Mañana os vais a Galicia en el coche de Juan. Dice que hables con él.

CARMEN: Yo... no voy.

DIEGO: ¿Cómo dices? Creo que no he entendido bien.

CARMEN: Sí. Has entendido muy bien. Busca a otra persona. Yo me quedo en Madrid.

DIEGO: ¿Qué te parece? Carmen dice que no va a Galicia.

CARMEN: No puedo ir. Ya le he dicho a Diego que busque a otra persona.

DIEGO: ¡No puedes decir hoy que busque a otra persona! Además, tienes un contrato.

CARMEN: Me hace falta un descanso. ¿Es que nadie lo comprende?

JUAN: ¡Carmen! Carmen, nos haces falta... A mí... me haces falta.

CARMEN: ¡Juan! Está bien. Vamos a Galicia en tu coche. Pero... conduzco yo.

ANA: ¡Gracias!

CHICO: ¡Gracias, hasta luego!

PRESENTADOR: ¡Hasta luego!

35. Dice que no va

● **AHORA YA PUEDES...**

transmitir las palabras de otra persona:	Dice que se ha despertado temprano. Rosi dice que los invita. La radio ha dicho que hay poco tráfico.
transmitir una orden, petición o sugerencia de otra persona:	El médico le dice que no haga deporte. Marta dice que vayas a bailar. Le he dicho que busque a otra persona.

Al final de esta unidad habrás aprendido a hablar de obligaciones y a invitar a alguien a hacer algo.

Tienes **que**	
Debes	ir.
Hay **que**	👉 7

Hay que meter todo esto.
Yo tengo que estudiar.

Así se habla de la obligación o necesidad de hacer algo.

Para indicar la obligación o necesidad de hacer algo, se usa tener que:

Tengo que estudiar.

Para abrir, **tienes que** usar la llave roja.

Se puede usar también hay que (que es invariable), tener que, o deber:

Juan, **tienes que** hablar con Carmen.

Juan, **debes** hablar con Carmen.

Juan, **hay que** hablar con Carmen.

Con deber se dice aproximadamente lo mismo que con tener que, pero es un poco más suave; se emplea sobre todo para dar consejos o hacer sugerencias. Hay que no señala quién tiene que hacer lo que se dice, sino sólo que es necesario hacerlo:

Juan, **hay que** hablar con Carmen (lo importante es hablar con Carmen; puede ser Juan u otra persona).

Juan, **tienes que** hablar con Carmen (Juan es quien debe hablar con Carmen).

Deber se usa también para expresar la conveniencia de no hacer algo:

No debes fumar.

No debemos llegar tarde.

36. Tenemos que hablar

1. Mira la agenda de Carmen. Juan le ha propuesto salir a cenar uno de los días de esa semana. ¿Por qué sólo puede salir el jueves o el sábado?

MODELO: El lunes no puede porque tiene que ir a un concierto.

V S D L M Mi J V S D L M Mi J V S	D L M Mi J V S D L M Mi J V S D
1 2 3 4 5 6 7 8 9 10 11 12 13 14 15 16	17 18 19 20 21 22 23 24 25 26 27 28 29 30 31

11 LUNES
Concierto

14 JUEVES

12 MARTES
Cena con Diego y Rosi

15 VIERNES
tarde: peluquería: noche: ver las películas de Galicia.

13 MIÉRCOLES
Fiesta de David (9,30 noche)

16 SÁBADO

2. ¿Qué hay que hacer?

MODELO:

1. Hay que ir despacio.

3. ¿Qué cuatro cosas de éstas es muy conveniente que haga una persona que va de vacaciones a otro país?

MODELO: 1. Debe usted dejar la casa bien cerrada.

1. dejar la casa bien cerrada
2. comprar un ordenador
3. llevar el carné o el pasaporte
4. llevar dinero del país que va a visitar
5. ir al dentista
6. alquilar películas de vídeo
7. llevar un mapa de ese país

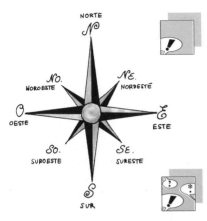

4. ¿Hacia dónde hay que ir para llegar a las ciudades indicadas?

MODELO: 1. Para ir de Madrid a Sevilla hay que ir hacia el sur.

1. de Madrid a Sevilla
2. de Madrid a Valencia
3. de Madrid a Santiago
4. de Madrid a Cáceres

5. de Sevilla a Salamanca
6. de Santiago a Cáceres
7. de Valencia a Madrid
8. de Sevilla a Valencia

5. Habla con tus compañeros/as de lo que cada uno/a de vosotros/as tiene que hacer mañana.

● ●

II

Sí quiero otra, gracias.

Y un poco más de vino también.

Os invito a tomar algo.

Así se puede invitar a alguien a hacer algo.

Un poco más de pan, por favor.
¿Puedo tomar más paella?
¿Me trae otro pastel?

Así se pide más de algo que se está comiendo o bebiendo.

Para invitar a hacer cosas se usa invitar a + infinitivo:

Te invito a cenar.   Os invito a tomar algo.

Recuerda que hay otras formas de invitar:

¿Queréis tomar una copa?

Si estás comiendo o bebiendo algo y quieres más, pídelo así:

¿Puedo tomar **más** paella?   ¿Nos trae **más** pan, por favor?

¿Me pones **un poco más de** vino?

Si se trata de cosas que se pueden pedir por unidades, no uses más ni un poco más de, sino otro, otra:

¿Puedo coger **otro** pastel?

¿Nos trae **otra** botella de vino, por favor?

6. Representa los diálogos con tu compañero/a. Luego, contesta a las dos preguntas para los dos textos.

1. ¿Quién invita a quién?
2. ¿A qué?

a) SEÑOR LÓPEZ: Sí, sí, muy bien. Adiós... Adiós.

SEÑORA DE LÓPEZ: ¿Quién era?

SEÑOR LÓPEZ: Carlos. Nos invita a pasar el fin de semana en su casa del campo.

SEÑORA DE LÓPEZ: ¡Ah, estupendo!

b) MARTA: ¿Quieres tomar un refresco?

JUAN: Prefiero un café.

MARTA: Muy bien. Vamos. Te invito a tomar un café.

36. Tenemos que hablar

7. ¿Quién dice cada frase?

1. ¿Puedo comer otro pastel?   3. ¿Me traes otra cerveza?

2. Dame más agua, por favor.   4. Ponme un poco más de jamón.

8. Mira el mapa de España que está en la página 127 del Cuaderno de Actividades; lee qué dice Luis Cánovas y localiza en el mapa cada uno de los lugares que han visitado Carmen y Juan.

...hay que viajar para conocer un país.

Primero fueron al este, a la isla de Mallorca. Allí conocieron a Teresita, ¿la recuerdan? Después volvieron a Madrid. Cerca de Madrid, al sur, está la ciudad de Aranjuez, donde Juan tuvo que tocar la guitarra. Fueron también a Granada y allí visitaron la Alhambra y conocieron a un misterioso rey.

En el viaje a Canarias fue con ellos David, y se perdió en el Carnaval. Ya saben dónde están las islas Canarias, ¿verdad? Muy bien: están en el Atlántico, al sur de España y al oeste de África.

A los Pirineos fueron también desde Madrid. Los Pirineos son la frontera norte de España. Allí nació Juan. En ese viaje visitó su casa y a su familia, y tuvo problemas con Cecilia, la profesora de esquí. Y del norte al sur: primero Madrid y luego Sevilla. En Sevilla, Juan conoció a Manuel y a su mujer (la de Manuel), entró con Carmen en el Palacio de Lebrija y allí... ¿Qué pasó? Shhhhhis, no pregunten. Es mejor.

Ahora estamos en Santiago de Compostela, al norte, (o mejor, al noroeste) de España. Antes hemos visitado Salamanca, al oeste, y Barcelona, al nordeste. Pero vamos a viajar más, porque, como yo digo siempre...

● TRANSCRIPCIÓN DE LOS DIÁLOGOS DEL VÍDEO

PRIMERA PARTE

Presentación

PRESENTADOR: Buenos días. Hoy estamos en Santiago de Compostela, en Galicia. Y esto es... Esto es una gaita. Pero yo no sé tocarla.

AMIGO: Claro, para tocarla debes aprender.

PRESENTADOR: Entonces tienes que enseñarme. Tiene que enseñarme, ¿verdad?

AMIGO: Es muy fácil. Mira. Tienes que poner los dedos aquí... Y ahora tienes que soplar... Así no... Más fuerte... Así...

PRESENTADOR: ¡Es muy difícil!

AMIGO: Vamos, otra vez. Debes practicar. ¡Qué le vamos a hacer!

PRESENTADOR: ¡Tendré que practicar más!

Telecomedia

CARMEN: ¡Tienes que estar quieto! ¡Tienes que estar quieto, pero no tanto! Debes esperar un momento, y luego, tienes que andar despacio hacia allí. Y no debes mirar aquí. ¡Vamos a repetir! ¡Motor! ¡Acción! ¡No! ¿Pero qué haces? No tienes que ponerte de rodillas todavía.

JUAN: ¿Qué pasa, Carmen?

CARMEN: ¡Estoy...! Ese chico es un ...

JUAN: Tranquila, no pasa nada.

CARMEN: ¡Ramón! Tienes que hablar con ese chico.

AYUDANTE DE DIRECCIÓN: Yo hablo con él. No pasa nada, no pasa nada.

JUAN: Tienes que descansar.

CARMEN: Ya...

DIEGO: Es muy tarde. Y debemos terminar hoy.

CARMEN: ¡Ya lo sé! ¡No tienes que decírmelo!

JUAN: Toma. Tienes que comer... No puedes estar así todo el día.

CARMEN: Ya soy mayorcita.

JUAN: Pues no lo parece.

CARMEN: Juan, por favor... tengo que trabajar.

EXTRA: Gracias.

JUAN: ¡Qué le vamos a hacer!

AYUDANTE DE DIRECCIÓN: ¡Eh! ¡Tú! ¡Ya es el tercer bocadillo! ¡Trae!

SEGUNDA PARTE

Presentación

PRESENTADOR: España es bonita, ¿verdad? Hay que conocerla. ¿Recuerdan Sevilla? Está en el sur. ¿Y Salamanca? Aquí, en el oeste. Ahora estamos en Santiago de Compostela, en Galicia. Galicia está aquí, al norte... Bueno, al noroeste. Hay que viajar para conocer un país. Y hay que hablar con la gente. Y hay que comer lo típico de cada región para conocer su cocina. ¿Quieren probar una?

EXTRA: Muchas gracias.

PRESENTADOR: Bueno, ¿quieren ustedes otra?

EXTRA: Sí, sí, gracias. Y un poco más de vino también.

PRESENTADOR: ¡Qué le vamos a hacer!

AYUDANTE DE DIRECCIÓN: ¡Tú! ¡Otra vez!

Telecomedia

TÉCNICO: ¡Hay que ponerlo más a la derecha! A ver, necesito un poco más de luz.

AYUDANTE DE DIRECCIÓN: ¿Vas a empezar ya?

CARMEN: Todavía no. Hay que probar el sonido.

AYUDANTE DE DIRECCIÓN: Oye. Hay que probar eso. Di algo.

CARMEN: Vale. ¡Bueno, vamos a empezar!

JUAN: ¿Por qué está tan seria? ¿Está enfadada conmigo?

DIEGO: No sé. Tienes que hablar con ella.

CARMEN: Nada, nada, ¡fuera! Hay que hacer unas fotos antes de empezar. ¿Dónde está el fotógrafo?

DIEGO: Habla ahora con ella.

JUAN: Carmen. Creo que debemos hablar.

CARMEN: ¿De qué?

JUAN: De ti... de nosotros.

CARMEN: Ahora no tengo tiempo.

JUAN: Te invito a cenar esta noche. A las diez, en el restaurante del Hostal.

AYUDANTE DE DIRECCIÓN: Hay que estar más normal, más natural. ¡Natural!

MAÎTRE: Hay que llevarle la cuenta a ese señor.

EL EXTRA DE ANTES (AHORA CAMARERO): Ahora mismo.

JUAN: ¿Me trae otro café?

EXTRA: Lo siento. Tenemos que cerrar ya. Son las dos.

JUAN: Huy, perdón. ¿Me da la cuenta, por favor?

PRESENTADOR: Tienen que ver ustedes el final de esta historia. ¡En el próximo capítulo!

36. Tenemos que hablar

AHORA YA PUEDES...

decir que es obligado, inevitable o muy conveniente hacer algo:	Tengo que estudiar. Debes estudiar. Hay que ir por la carretera del norte.
invitar a alguien a hacer algo:	Te invito a cenar. ¿Quieres venir conmigo?
pedir más cantidad de algo:	Dame más pan, por favor. ¿Puedo comer otro pastel?

37 Una cosa que se llama… amor

Al final de esta unidad serás capaz de decir qué tipo de cosa o persona necesitas o quieres, de describirla cuando ignores su nombre, y de pedir explicaciones acerca de qué significa una palabra.

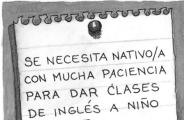

SE NECESITA NATIVO/A CON MUCHA PACIENCIA PARA DAR CLASES DE INGLÉS A NIÑO DE 8 AÑOS.

BUSCO COCHE DE SEGUNDA MANO. MENOS DE 100.000 Km. EN BUEN ESTADO. NO IMPORTA MARCA NI COLOR. MÁXIMO 500.000 PTAS. LLAMAR POR LA NOCHE DE 9 A 11 A ENRIQUE. 22 44 66.

I

Se necesita nativo/a con mucha paciencia.

Busco coche de segunda mano.

Así se pueden especificar las características de la persona o de la cosa que se necesita.

Para decir qué tipo de persona o cosa necesitas o estás buscando, descríbela. Puedes hacerlo, por ejemplo, así:

Necesito un coche **grande y cómodo**.

Quería una camisa **de rayas**.

También lo puedes hacer con frases introducidas por que:

Jorge está buscando un libro que **tiene** fotos de Galicia.

Luisa está buscando un libro que **tenga** fotos de Galicia.

Observa: las dos frases anteriores parecen iguales, pero hay una diferencia importante entre ellas: Jorge está pensando en un libro concreto; por eso se usa el indicativo (un libro que **tiene** fotos). A Luisa le vale un libro cualquiera, con una condición: debe tener fotos de Galicia; por eso se usa el subjuntivo (un libro que **tenga** fotos).

Un libro que **tiene** fotos de Galicia.

Un libro que **tenga** fotos de Galicia.

☞ 6.7

37. Una cosa que se llama... amor

1. Lee el anuncio que está mirando Luis Cánovas y contesta a las preguntas.

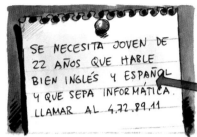

1. ¿Se necesita un chico o una chica?
2. ¿De qué edad?
3. ¿Debe saber idiomas? ¿Cuáles?
4. ¿Qué más debe saber?
5. ¿Cómo deben contestar los/las interesados/as al anuncio?

2. Mira el dibujo y describe al ladrón. Usa los verbos medir, pesar, tener y llevar.

La policía está buscando a un hombre rubio que...

3. Lee estas ofertas de trabajo y explica lo que dice el segundo anuncio, como en el modelo.

MODELO: "Total España, Sociedad Anónima" necesita un adjunto al director que tenga título universitario, que tenga experiencia, que trabaje bien con otras personas, que pueda viajar, que tenga unos treinta años, y que sepa informática y francés.

TOTAL ESPAÑA, S.A.

necesita cubrir el siguiente puesto para la sede central en Madrid

ADJUNTO AL DIRECTOR DPTO. LUBRICANTES

Su gestión, siendo fundamentalmente comercial, tendrá también facetas de control-gestión (presupuestos, análisis mercados, etc.).

Se requiere:
• Titulación Superior. Se valorará formación empresarial de Post-Grado.
• Clara vocación comercial, valorándose la experiencia profesional en sector afín.
• Gran capacidad para trabajar en equipo.
• Disponibilidad para viajar con frecuencia.
• Edad en torno a 30 años.
• Conocimientos microinformática como usuario.
• Inglés y/o francés.

EMPRESAS INFORMÁTICAS, S.A.

NECESITA VENDEDORES/AS

Requisitos:

• Conocimiento de inglés y alemán.
• Gran experiencia en ordenadores.
• Mayor de 25 años.
• Coche propio.
• Residencia en Madrid.

4. Estás en unos grandes almacenes. Tu compañero/a es el/la dependiente/a y te atiende. Explícale qué necesitas y cómo lo quieres.

MODELO:

A: ¿Qué desea?

B: Estoy buscando unos pantalones que no sean muy caros, de color azul, que tengan muchos bolsillos, ...

●●●●●●●●●●●●●●●●●●●●●●●●●●●●●●●●

II — **¿Cómo se llama una cosa larga que hay en las camas y que sirve para poner la cabeza?**

— **Almohada.**

Así se describe una cosa para averiguar su nombre.

Y así se responde.

Para saber cómo se llama o qué es una cosa, señálala y di:

— ¿Cómo se llama eso?

— Lápiz.

— ¿Qué es eso?

— Un lápiz.

Si no se puede señalar, por ejemplo porque no está a la vista, se puede preguntar cómo se llama o qué es describiéndola:

— ¿Cómo se llama una fruta grande y redonda que es verde por fuera y roja por dentro?

— Sandía.

— ¿Qué es un paquete grande de plástico que hay debajo de mi cama?

— Es un regalo para mamá.

Luis, es que no lo recuerdo. ¿Cómo se llama esa cosa larga y blandita que hay en las camas y que sirve para poner la cabeza?

Almohada, John, almohada.

5. Contesta a las adivinanzas.

1. ¿Cómo se llama el pelo que tienen los hombres en la cara?

2. ¿Cómo se llama en español una cosa que sirve para escribir?

3. ¿Cómo se llama un animal pequeñito que está en todas partes, con alas y patas, que vuela muy rápido? ¡Ah!, y le gusta mucho el azúcar.

4. ¿Cómo se llama un aparato con puertas que usan las personas para subir y bajar en las casas de varios pisos?

5. ¿Qué es esa cosa de papel con frases, dibujos, ejercicios, de muchos colores y que estás leyendo ahora?

37. Una cosa que se llama… amor

6. Mira el dibujo y contesta.

1. ¿Qué es esa cosa azul que hay encima del sillón?
2. ¿Qué es ese animal con patas y alas que está volando?
3. ¿Qué es eso negro que está debajo de la mesa?
4. ¿Qué es ese mueble blanco con cuatro patas que parece una mesa?

III — ¿Qué significa "antiguo"?

Así se pregunta el significado de una palabra.

— ¿Antiguo? Viejo, que tiene muchos años.

Y así se puede responder.

Cuando no se conoce el significado de una palabra o de una expresión, se pregunta: ¿Qué significa...? o ¿Qué quiere decir...? Se puede responder:
– con palabras que tienen un significado parecido:
  — ¿Qué significa **"antiguo"**?
  — Viejo.
– con una descripción o explicación:
  — ¿Qué quiere decir **"tiza"**?
  — Es una cosa larga, normalmente blanca, que sirve para escribir en la pizarra.
– mostrando el objeto cuando se tiene delante:
  — ¿Y qué quiere decir **"pizarra"**?
  — Esto es una pizarra.

7. Pregunta a tus compañeros/as qué significan estas palabras u otras. Si lo necesitan, pueden usar el diccionario.

MODELO:

1. A: ¿Qué quiere decir "bandera"?
   B: Es un trozo de tela que puede ser de varios colores. Es el símbolo de un país. La bandera de Argentina es azul y blanca.

1. bandera
2. hierro
3. araña
4. tresillo
5. nómina
6. bolsillo
7. guante
8. peluquín
9. mosca

TRANSCRIPCIÓN DE LOS DIÁLOGOS DEL VÍDEO

PRIMERA PARTE

Presentación

PRESENTADOR: Hola, ¿qué tal? Ya ven: hoy voy a jugar al golf. Vaya, necesito una persona que me ayude. ¿Me ayudas tú? ¿Sí? Muy bien. Dame esa pelota que está ahí, en la bolsa. Muchas gracias. ¡Green!

NIÑO: ¿Qué significa ''green''?

PRESENTADOR: Verde. La pelota ha caído en la hierba. Necesito el guante blanco que está en la bolsa.

Telecomedia

PINTORA: Perdone… Usted es la persona que estoy buscando. ¿Quiere usted posar para mí?

CARMEN: ¿Cómo?

PINTORA: Estoy pintando un cuadro, ¿sabe? Y necesito una chica de su edad, con el pelo como el suyo.

CARMEN: Sí, sí, pero…

PINTORA: ¿Tiene tiempo? Su cara es muy interesante. Tiene los ojos muy tristes… Es la cara que estoy buscando.

CARMEN: Bueno… de acuerdo. ¿Le ayudo? Yo llevo esa silla que está ahí.

PINTORA: Por favor, déme ese florero que está encima de la mesa. Necesito unas flores para poner aquí.

EMPLEADO: ¿De qué color? ¿Rojas?

PINTORA: No, no, ''jaunes''.

EMPLEADO: ¿''Yon''? ¿Qué significa ''yon''?

CARMEN: Amarillo.

PINTORA: ¿Puede traer unas flores amarillas?

EMPLEADO: Sí, señora. Tenemos unas rosas de ese color que son preciosas. Ahora mismo las traigo.

CARMEN: ¡Qué frío! ¿Hay por ahí algo que pueda ponerme?

PINTORA: Espere. Póngase esto. Es la primera vez que la veo reír.

CARMEN: Juan también dice que me río poco.

PINTORA: ¿Juan? ¿Su novio?

JUAN: A mí… me haces falta.

CARMEN: Por favor, déme un pañuelo que tengo ahí, en el bolso.

SEGUNDA PARTE

Presentación

NIÑO: ¡Jo! ¡Qué bueno eres!

PRESENTADOR: Muchas gracias, hombre.

NIÑO: Yo también quiero jugar al golf. ¿Cómo se llama eso que sirve para dar a la pelota?

PRESENTADOR: Palo. Éstos son de madera; éstos, de hierro. Éste se llama ''putter''.

NIÑO: ¿Y cómo se dice eso en español?

PRESENTADOR: Pues… ¿Cómo se dice eso en español? No tiene nombre en español. ''Putter'', como en inglés.

NIÑO: Yo quiero jugar tan bien como tú.

PRESENTADOR: Todavía eres algo pequeño.

Telecomedia

CARMEN: Verá, lo conocí en un tren… y ahora trabajamos juntos… No sé por qué le cuento todo esto.

PINTORA: Necesito… ¿Cómo se llama esa cosa que sirve para…?

CARMEN: Goma. Goma de borrar.

PINTORA: ¡Claro! Goma de borrar… ¡Ah!, aquí la tengo. Estábamos hablando de Juan. ¿Cómo es?

CARMEN: Pues no sé, tímido, simpático…

PINTORA: No, no, físicamente. ¿Cómo tiene el pelo?

CARMEN: Moreno, o castaño. Tiene poco pelo… pero bonito.

PINTORA: Un primo mío lleva… ''toupet''. ¿Cómo se dice en español? Es esa cosa de pelo que los hombres se ponen aquí.

CARMEN: Sí, sí, peluquín. Pero Juan lo necesita… todavía.

PINTORA: ¿Lo quieres?

CARMEN: No sé…

PINTORA: ¡Lo quieres! ¡Vaya! ¿Tienes un lápiz?

CARMEN: No, no tengo.

PINTORA: Espérame un momento. Voy a buscar otro que tengo en la habitación.

37. Una cosa que se llama... amor

● **AHORA YA PUEDES...**

especificar las características de la persona o cosa que necesitas:	Se necesita nativo/a con mucha paciencia. Busco coche de segunda mano.
preguntar cómo se llama o qué es una cosa al tiempo que la describes:	¿Cómo se llama una cosa larga que hay en las camas para poner la cabeza?
preguntar el significado de una palabra o expresión:	¿Qué significa antiguo?
y responder:	Viejo, que tiene muchos años.

38 Empezó en un tren

Estamos a punto de terminar la segunda parte de nuestro *Viaje*. Ya sabes hacer, en español, cosas importantes: por ejemplo, hablar de lo que está sucediendo, de lo que sucedió o va a suceder, y describir las cosas y las personas que intervienen en esos sucesos... Es decir, dispones ya de los ingredientes necesarios para contar una historia.

I ¿QUÉ ESTÁS HACIENDO?

Recuerda: para hablar de lo que está sucediendo ahora o de lo que se está haciendo en ese preciso instante, se usa el gerundio:

Está lloviendo.   Los niños ya están durmiendo.

Ahora estoy trabajando.   ¿Qué estáis haciendo?

Repasa la unidad 6 de *Viaje al Español 1*.

GERUNDIO   ☞ 6.1.c)

 1. Completa el diálogo con dos compañeros/as y, después, leedlo en voz alta cuidando la entonación.

MUJER: ¿Dígame?

MARTA: Hola, buenos días. ¿... Luis Cánovas, por favor?

MUJER: Sí. Un momento. ¡Luis, es ... ti!

LUIS: Gracias. ¿Sí?

MARTA: Hola, Luis. Soy Marta.

LUIS: ¿Qué tal, Marta?

MARTA: Muy bien, ¿y tú? Oye, Luis, ¿qué ... haciendo?

LUIS: Pues ahora estoy trabajando. ¿Por qué?

MARTA: Mira, es que estoy ... un café con un amigo que quiere conocerte. ¿Tienes un momento?

LUIS: Sí, claro. ¿ ... estáis?

MARTA: En la cafetería de enfrente.

LUIS: Muy bien. Mira, estoy ... una carta, pero termino enseguida. Vamos a ver, ahora son las diez y cuarto. ¿Nos vemos ... las diez y media?

MARTA: A las diez y media. Estupendo. Gracias y hasta luego, Luis.

LUIS: Hasta luego, Marta.

38. Empezó en un tren

 II **¿QUÉ HAS HECHO?**

PRETÉRITO PERFECTO
☞ 6.2

> Recuerda: para hablar de lo que ha sucedido recientemente se usa el pretérito perfecto: ¿Qué has dicho?
> **Repasa la unidad 18.**

 2. Escucha y luego completa el diálogo.

> MARTA: Mira, Luis, éste es Arturo, mi ... .
>
> LUIS CÁNOVAS: ... , Arturo. ¿Eh? ¿Qué ... ...? ¿Tu marido?
>
> MARTA: Sí, mi marido.
>
> LUIS: ¿Te ... casado? Perdón, ¿os ... ...?
>
> ARTURO: Nos hemos ... . El día cinco.
>
> LUIS: ¿El cinco de este mes? ¿Y por qué no me ... invitado a la boda?
>
> MARTA: Porque no ... invitado a nadie. Sólo han ... a la boda nuestros padres y hermanos. Es casi un secreto.
>
> LUIS: Ya veo, ya veo. Pero, bueno, lo primero, ¡enhorabuena! ¿Habéis ... ya el viaje de novios?
>
> ARTURO: Sí, hemos ... diez días en Canarias.

● ●

III **¿CÓMO ES? ¿CÓMO ESTÁ?**

> Recuerda: para describir a las personas o las cosas se usan los verbos ser, estar, tener y la expresión hay.
>
> Arturo es alto y delgado.
>
> Su casa es muy pequeña: sólo tiene dos habitaciones.
>
> **Repasa las unidades 19, 24 y 34.**

SER/ESTAR
☞ 14

 3. ¿Cómo es el piso de Marta y Arturo? Escucha la casete y luego descríbelo.

IV **¿QUÉ HACES? ¿Y ANTES, QUÉ HACÍAS?**

PRESENTE   ☞ 6.1
PRETÉRITO IMPERFECTO
   ☞ 6.3

Recuerda: para hablar de las costumbres de las personas ahora, se usa el presente.
Para hablar de las costumbres de las personas en el pasado, se usa el pretérito imperfecto.
Repasa las unidades 17 y 26.

4. Completa las frases con los verbos vivir, ser y estudiar en la forma adecuada.

Ahora, Arturo ... con Marta en Madrid. Antes, ... en Salamanca, en una residencia. ... Medicina y, claro, ... un buen estudiante.

5. Contesta a las preguntas.

1. ¿Dónde vive Arturo ahora?
2. ¿Con quién?
3. ¿Dónde vivía antes?
4. ¿Con quién?
5. ¿Qué estudiaba?
6. ¿Era buen o mal estudiante?

V **¿QUÉ HICISTE?**

PRETÉRITO INDEFINIDO
   ☞ 6.4

Recuerda: para contar lo que alguien hizo en el pasado, se usa el pretérito indefinido: Volví a Madrid en 1989.
Repasa la unidad 21.

6. Escucha y luego contesta a las preguntas.

1. ¿Cuándo se conocieron Marta y Arturo?
2. ¿Dónde?
3. Después, ¿qué hicieron?
4. ¿Dónde se vieron en Madrid?
5. ¿Qué hicieron después?

Museo del Prado

38. Empezó en un tren

VI ¿CÓMO ERA?

Recuerda: para describir a las personas o las cosas en el pasado, se usa el pretérito imperfecto: Mi habitación de niño era pequeña.
Repasa la unidad 29.

7. Completa el diálogo con un/a compañero/a.

Luis: ¿Y qué?, ¿te ... Salamanca?

Arturo: Mucho. ... una ciudad muy divertida, porque ... mucha gente joven. Creo que ahora ... más. La vida por la noche ... estupenda.

Luis: ¿Y qué tal la residencia?

Arturo: Muy bien. Hombre, mi habitación ... pequeña, y ... un poco de frío, porque en Salamanca ... frío en invierno. Pero la comida era muy buena, y yo ... allí muchos amigos.

●●●●●●●●●●●●●●●●●●●●●●●●●●●●●●●●●

VII ¿QUÉ VAS A HACER?

Recuerda: para contar nuestros planes y hablar del futuro en general se usa ir a + infinitivo: ¿Qué vas a hacer este verano?
También se puede hablar del futuro, y especialmente hacer pronósticos, con las formas del futuro: Mañana lloverá en el Norte.
Repasa las unidades 8, 23 y 32.

FUTURO   ☞ 6.6

8. Completa el diálogo con dos compañeros/as.

Luis: Uff, ¡qué tarde!

Marta: ¿Te vas?

Luis: Sí, he ... con mi jefe a las seis y media.

Arturo: Oye, ¿qué ... a hacer esta noche?

Luis: Pues no sé. Nada, creo.

Arturo: Pues esta noche ... a cenar juntos, ¿eh? En nuestra casa.

Luis: Pero, bueno, no sé.

Marta: Nada, nada, Luis. Esta noche ... a hacer un plato ... te gusta mucho: merluza a la gallega.

Luis: ¿Merluza a la gallega? ¿A qué ... queréis que vaya?

Marta: A las diez. ¿Te parece bien?

Luis: Sí, muy bien.

Marta: Pues entonces, a ... diez en casa.

Luis: De acuerdo. Hasta la noche.

Arturo: ... luego, Luis.

TRANSCRIPCIÓN DE LOS DIÁLOGOS DEL VÍDEO

Presentación

PRESENTADOR: Estamos en San Sebastián, una de las ciudades más bonitas de España. Nuestro amigos, Carmen y Juan, están ahí. ¿Juntos, separados, tristes, alegres, enfadados, enamorados? ¿Qué va a pasar? ¿Qué creen ustedes?

VOZ DEL PRESENTADOR: ¿Qué ha pasado estos últimos días? ¿Lo recuerdan? Carmen ha estado muy … ¿Cómo ha estado? ¿Contenta o triste? Efectivamente, ha estado triste, muy triste estos últimos días. Antes no. Antes estaba contenta casi siempre. Por ejemplo, en el cumpleaños de Diego.

DIEGO: ¡No…!
JUAN: Sí, sí.
CARMEN: ¿Lo abres?
DIEGO: ¡Muchas gracias por el regalo!
JUAN: De nada.

VOZ DEL PRESENTADOR: En el pueblo de Juan.

CARMEN: ¿Nos vamos?

JUAN: ¿Quién ha sido?

VOZ DEL PRESENTADOR: O con sus amigas de Salamanca.

CARMEN: ¡Ha sido ella!
MIRIAM: No, no, no: ha sido ella.
AMIGA: No; ella, ella.

VOZ DEL PRESENTADOR: Todo empezó en Barcelona. Carmen vio a su novio, Óscar, con otra mujer. Y los siguió en una bicicleta hasta el hotel.
Óscar y la mujer que lo acompañaba quedaron para esa noche. ¿Recuerda usted dónde quedaron y a qué hora? ¡Véalo!

ÓSCAR: ¿Nos vemos esta noche?
CHICA ORIENTAL: Sí, a las 10.
ÓSCAR: ¿Dónde quedamos?
CHICA ORIENTAL: Aquí, en mi hotel.

VOZ DEL PRESENTADOR: Muy bien. A las diez en el hotel. ¿Y para qué quedaron? Esto es muy importante.

ÓSCAR: Muy bien. Vendremos el director y yo para firmar el contrato.

VOZ DEL PRESENTADOR: ¡Ah!, quedaron para firmar un contrato, para trabajar. Pero Carmen pensó otra cosa. ¡Pobre Carmen! Se ha enfadado con Óscar.

ÓSCAR: ¡Carmen!
CARMEN: ¡Bruto!

VOZ DEL PRESENTADOR: Y parece que también con sus compañeros.

JUAN: ¿Por qué está tan seria?
CARMEN: ¿Dónde está el fotógrafo?

VOZ DEL PRESENTADOR: Y con Juan.

JUAN: Toma. Tienes que comer… No puedes estar así todo el día.
CARMEN: Ya soy mayorcita.

VOZ DEL PRESENTADOR: ¿Con Juan? ¿También está enfadada con Juan?

Telecomedia

JUAN: ¿Ha llamado Carmen?
DIEGO: No. No ha llamado.
JUAN: ¿Y anoche? ¿Hablaste con ella?
DIEGO: Llamé, pero no estaba. Ya se había ido.
JUAN: ¿Adónde?
DIEGO: No sé, no dejó ningún aviso… Esto va a empezar ya. ¿Qué hacemos?
JUAN: ¡Empezar sin ella!
DIEGO: Pero necesitamos una persona que conozca bien el programa. Y ella es la directora.
JUAN: Y yo el consejero lingüístico, el guionista, el… ¡El tonto!
ROSI: Ya ha llegado Carmen. Está ahí, en el Paseo Marítimo. Vendrá enseguida.
DIEGO: ¿Y dónde ha estado?

ROSI: No ha dicho nada. ¿Cuándo empieza esto?
DIEGO: ¡Va a empezar ahora mismo! ¡Vamos, Juan! ¿Pero, dónde…?
ROSI: ¿Dónde qué?
DIEGO: ¿Pero no estaba aquí Juan?... ¡Vamos a llegar tarde, seguro! Todo va a salir mal. No está la directora, no está el profesor… ¡No está nadie!

JUAN: ¡Carmen!
CARMEN: ¿Juan?
JUAN: Has vuelto. ¿Qué has estado haciendo?
CARMEN: Pasear. Necesitaba estar sola.
JUAN: Ya…
CARMEN: ¿Qué pasa?
JUAN: No, nada. Que estamos esperándote desde el martes.
CARMEN: Ya lo sé, pero necesitaba… He estado pensando…
JUAN: ¿Pensando qué?

38. Empezó en un tren

CARMEN: Debo hacer algo y todavía no... No sé.

JUAN: Tenemos que hablar, Carmen.

CARMEN: Después.

JUAN: No, ahora.

CARMEN: ¿Ahora? Es imposible. Vamos a llegar tarde...

JUAN: ¿Qué te pasa? ¿Por qué no quieres verme?

CARMEN: Sí quiero, pero... Nos están esperando, ¿no? ¡Vamos!

JUAN: Ahora voy. Yo también necesito pensar.

JUAN: La conocí en un tren, ¿sabe? Era muy temprano, yo estaba casi dormido, pregunté la hora, abrí una puerta y allí estaba ella. Carmen.

SEÑOR: Ah, ya, ya...

CARMEN: ¿Qué haces?

DIEGO: Estoy comiéndome el pañuelo. Estoy nervioso. ¿Dónde...?

CARMEN: En el Paseo Marítimo. No te preocupes, vendrá enseguida.

ROSI: Vengo de la playa y Juan no está allí.

DIEGO: ¡Qué le vamos a hacer! Siéntate. Esto va a empezar ya.

JUAN: ¿Qué pasa?

HOMBRE: El semáforo. No puede usted pasar.

JUAN: ¡Ah... gracias!

HOMBRE: Perdone... estoy buscando un hotel que no sea muy caro. ¿Conoce usted alguno?

JUAN: No, lo siento. No soy de aquí.

HOMBRE: Es que antes, ¿sabe?, venía a casa de unos amigos, pero ya se han ido a vivir a Madrid... ¡Oiga! Vamos. Ahora sí. ¿Le pasa algo?

JUAN: ¿Eh? No, no. Ah, sí, gracias.
¡Carmen!
¡Carmen!

DIEGO: ¿Y Juan?

CARMEN: No sé... Ya lo conoces... Es tan...

CARMEN: Soy tonta. La culpa es mía.

DIEGO: ¿Qué?... ¡Ha sido un éxito!

CARMEN: Juan no está aquí, y la culpa es mía.

PRESENTADOR: Ustedes conocen bien a Carmen y a Juan. Pero a mí no. A mí me conocen poco, y quiero que me conozcan más. Miren: 1954; en la costa norte de España había un pueblo cerca del mar. Era pequeño, blanco, y tenía un río con un puente muy viejo. En ese pueblo nací yo.
En 1964 me fui a Santander. Y en 1972 llegué a Madrid. Desde entonces hasta ahora he vivido en Madrid y he trabajado en muchas cosas.
Ahora estoy trabajando aquí. Soy el presentador de *Viaje al Español.*
¿Qué va a pasar en el futuro? No lo sé. ¿Me casaré? ¿Tendré hijos? ¿Y nietos? No lo sé.

39 Tenía que pasar

Aquí termina la segunda parte de nuestro *Viaje*. En la unidad anterior repasaste los recursos fundamentales que te permiten contar historias en español. Pero ya sabes hacer muchas más cosas: satisfacer tus necesidades –por ejemplo, pidiendo cosas o solicitando actividades de alguien– o influir en la conducta de los/las demás mediante ruegos, órdenes, propuestas, permisos, instrucciones, consejos, etc.

I

¿Recuerdas cómo pedir u ordenar a otras personas que hagan o no hagan algo?

Las formas imperativas del verbo son idóneas para ese cometido. Pero conoces además otros modos, más corteses y suaves, de conseguir lo mismo: también así puedes tratar de que la gente haga cosas. Por otra parte, has aprendido los recursos que se emplean en español para solicitar de los/las demás algunas actividades concretas.

Espere un momento. Un momento, por favor.	*Para pedirles que esperen.*
¿Puedes hablar más alto? ¡Más bajo, por favor!	*Para pedirles que hablen más alto o más bajo.*
¿Puede ayudarme, por favor? Ayúdame a subir esto. ¿Me echas una mano?	*Para pedirles que te ayuden.*
¿Está don Julián en casa? Quería ver al señor director.	*Para solicitar ser recibido/a.*
¿Qué prefiere, queso o jamón? ¿Cuál prefieres, la blanca o la negra?	*Para pedir a alguien que elija una de las cosas que se le ofrecen.*
Toma. Tenga usted./Aquí tiene.	*Para pedir a otro que coja algo que tú le entregas.*
Déme el periódico, por favor. ¿Me da usted el periódico?	*Para pedir a los/las demás una cosa, un objeto.*

FORMAS IMPERATIVAS

para

no pares ☞ 6.8

Repasa las unidades 6, 8 y 12 de *Viaje al Español 1*, y las unidades 15, 20 y 23 de este Libro.

39. Tenía que pasar

II

¿Y recuerdas cómo ofrecerte a colaborar con los/las demás? Seguro que sí.

Ya sabes ofrecerte cuando detectas necesidades o conveniencias en otras personas:

¿Te ayudo?	*Así puedes ofrecerte a colaborar*
¿Le echo una mano?	*con los/las demás.*
¿Quieres que vaya contigo al médico?	
¿Queréis que haga yo la compra?	

Repasa las unidades 17, 31, 34 y 36.

III

¿Recuerdas cómo se dan consejos y se hacen sugerencias en español?

Dar consejos, recomendaciones o sugerencias, resulta una actividad muy útil a veces.

No fume.	*Así se dan consejos a otras per-*
Compra en esa tienda.	*sonas acerca de lo que les convie-*
Lo mejor es coger un taxi.	*ne hacer, o se les indica lo que es*
Puede usted coger un taxi.	*necesario que hagan.*
Te aconsejo que cojas un taxi.	
No quiero que salgas de noche.	
Juan, tienes que hablar con Carmen.	
Juan, debes hablar con Carmen.	
Juan, hay que hablar con Carmen.	

Repasa la unidad 5 de *Viaje al Español 1*, y las unidades 15, 28, 31 y 36 de este Libro.

PRESENTE
DE SUBJUNTIVO
Te aconsejo que **cojas** un taxi.

☞ 6.7

IV

Pero también has aprendido a pedir y dar instrucciones.

Ya sabes preguntar e indicar cómo se hace algo. ¿Lo recuerdas?

— ¿Cómo se hace la ensalada?	*Así se pregunta cómo se hace algo.*
— Con aceite y tomate.	*Y así se contesta.*
Se cogen unos tomates y se	*Y también así.*
cortan en trozos. Después,	
se pone un poco de aceite...	
Hay que coger unos tomates	*O así.*
y cortarlos en trozos. Luego, ...	

V ¿A que sí recuerdas cómo transmitir órdenes y peticiones?

¡Claro que sabes también transmitir las órdenes, los consejos, las instrucciones o las peticiones de otra persona! No hace falta recordarte la forma de hacerlo, pero por si acaso...

La nota de papá dice que vendrá tarde.

El profesor ha dicho que hagamos los ejercicios.

Así se transmiten instrucciones y órdenes de otras personas.

Repasa la unidad 35.

• •

VI Demuestra que sabes todo lo que hemos recordado juntos.

1. Lee las instrucciones.

Coja el teléfono.
Espere un momento
hasta oír la señal.
Meta monedas.
Marque el número.

1.

2. Está cogiendo el teléfono.

3. Está esperando.

4. Está metiendo monedas.

5. Está marcando el número.

2. ¿Cómo se usa el teléfono? Mira los dibujos del ejercicio 1.

MODELO: Se coge el teléfono, se...

3. ¿Qué hay que hacer para hablar por teléfono? Mira los dibujos del ejercicio 1.

MODELO: Hay que coger el teléfono...

39. Tenía que pasar

4. ¿Qué tiene que hacer cada uno/a de estos/as profesionales?

MODELO: El cura tiene que ir todos los días a la iglesia.

enfermera   profesora   cartero   cura   mecánico   secretario

1. ir todos los días a la iglesia
2. llevar las cartas a las casas
3. ayudar al médico
4. trabajar con las manos sucias
5. escribir cartas
6. hablar delante de muchas personas

5. Elige en cada caso la respuesta correcta, y completa.

1. ¿Vas a encender otro cigarro? No (fumes/fumas/fumar), que fumar es muy malo.
2. — ¿Quiere que le ayude? ¿Le echo (un pie/una ayuda/una mano)?
   — Sí, gracias.
3. — Con esos pantalones pareces un policía.
   — ¿Qué dices?
   — Que (parezcas/pareces/parecer) un policía.
4. — Buenos días, ¿me (regala/enseña/da) dos sobres y dos sellos?
   — Aquí tiene. Son noventa pesetas.
5. — ¿(Compres/Compra/Compras) tú el periódico, que yo no puedo salir?
   — De acuerdo. Hasta luego.
6. Les aconsejo que (os ponéis/se pongan/se ponen) otra ropa, porque está lloviendo muchísimo.

6. ¿Qué dirías si te encontraras en las siguientes situaciones?

1. Ves por la calle a un/a amigo/a que lleva tres maletas. Quieres ayudarlo/a.
2. Estás visitando una ciudad. No sabes dónde comer. Habla con alguien y pídele consejo.
3. Estás en un restaurante. Quieres tomar dos platos: gambas a la plancha y huevos fritos con patatas. Pídeselos al/a la camarero/a.
4. Es tu cumpleaños. Invita a tus amigos/as.
5. Estás en un bar. Quieres tomar un té con limón. Pídeselo al/a la camarero/a.
6. Vas por la calle con muchos paquetes. Encuentras a un/a amigo/a. Pídele ayuda.
7. En una tienda de ropa. Necesitas una camiseta de algodón. Pídesela al/a la empleado/a.

TRANSCRIPCIÓN DE LOS DIÁLOGOS DEL VÍDEO

Presentación

MEGAFONÍA: Tren situado en vía cinco, *Viaje al Español.*
PRESENTADOR: Por favor... ¡Oiga, por favor! Hola. Soy Luis Cánovas. Bienvenidos a *Viaje al Español.*
EMPLEADO: Buenos días. Buenos días.

VOZ DEL PRESENTADOR: ¿Recuerdan? Así empezó, hace ya bastante tiempo, nuestro viaje por la lengua española. En el tren hemos conocido a Juan y a Carmen, los protagonistas de nuestra historia.

JUAN: Hola, yo soy Juan Serrano. Encantado.
CARMEN: ¿Qué tal? Yo soy Carmen Alonso.

ROSI: Sí, dígame. Un momento. Oye, Diego, te llaman por teléfono.
DIEGO: ¿A mí?
ROSI: Sí, es para ti.
DIEGO: No estoy.
ROSI: ¿Oiga? Mire, no está. Ha salido.

VOZ DEL PRESENTADOR: Como ustedes saben, Carmen y Juan hacen un programa de televisión. Y Diego es el productor, y unas veces es amable y otras, está de mal humor.

JUAN: Un programa en la nieve.
DIEGO: Sí, hombre. España tiene nieve, ¿no? Nieve, sol, playas... No estoy. ¡No estamos!
ROSI: Éste es el contestador automático del 2 42 23 34. En este momento...

VOZ DEL PRESENTADOR: Rosi es la secretaria, siempre simpática y divertida. Ya la conocen, ¿verdad? Tan simpática como el ayudante de dirección. ¿Lo recuerdan?

AYUDANTE DE DIRECCIÓN: ¿Vas a empezar ya?
CARMEN: Todavía no. Hay que probar el sonido.
AYUDANTE DE DIRECCIÓN: Oye, hay que probar eso. Di algo. Hay que estar más normal, más natural. ¡Natural!

VOZ DEL PRESENTADOR: Pero no sólo hemos conocido a nuestros protagonistas y a sus compañeros de trabajo. También hemos estado, en varias ocasiones, en casa de Carmen.

CARMEN: ¡Socorro! ¿Dónde está David?
MARÍA: ¡David! ¡Socorro!
DAVID: ¿Qué pasa?

VOZ DEL PRESENTADOR: Carmen es soltera y vive en Madrid con su madre y con su hermano.

CARMEN: ¡Hola mamá!
MARÍA: Hola, hija.

VOZ DEL PRESENTADOR: Juan también es soltero. ¿Recuerdan que alquiló un apartamento?

SEÑORA: Le gusta el apartamento, ¿verdad?
JUAN: Sí, es bonito. Un poco pequeño, pero...
SEÑORA: ¿Cómo, pequeño? ¡Es perfecto para un hombre soltero!

CARMEN: ¡Juan!
JUAN: No estoy.
CARMEN: Bueno, bueno, venga...

VOZ DEL PRESENTADOR: Haciendo el programa han vivido juntos muchas horas y muchas aventuras. Con el trabajo surgió la amistad, y también el amor. Pero había un problema, ¿recuerdan?

ÓSCAR: Hola, ¿qué tal?
JUAN: Buenos días.
MARÍA: ¡Pasad, pasad!

VOZ DEL PRESENTADOR: Carmen lo ha pasado mal, ha tenido que pensar mucho antes de tomar una decisión.

CARMEN: Verá, lo conocí en un tren... y ahora trabajamos juntos... No sé por qué le cuento todo esto.
PINTORA: ¿Lo quieres?
CARMEN: No sé...
PINTORA: ¡Lo quieres!

PRESENTADOR: Les invito a ver esta película. ¿Vienen conmigo?

39. Tenía que pasar

Telecomedia

MARÍA: Te aconsejo que llames. Llama, mujer, llama, llama.

CARMEN: Mamá, por favor... no quiero llamar.

MARÍA: Sí quieres llamar, pero como eres tan... ¿Quieres que llame yo?

CARMEN: ¡No! Quiero que te vayas, y no te preocupes por mí. ¿Me das el teléfono, por favor?

MARÍA: ¡Qué hija tengo!

CARMEN: No te enfades conmigo, pero quiero estar sola.

MARÍA: ¿Quieres un consejo? La vida es corta, Carmen. No pierdas el tiempo y llámalo.

MARÍA: ¡Carmen! ¡Carmen!

JUAN: A la estación, por favor.

TAXISTA: Muy bien.

JUAN: Espere un momento. Quiero llamar por teléfono.

MARÍA: ¡Dígame!

JUAN: Hola, soy Juan. ¿Está Carmen? Quiero hablar con ella... ¡Necesito hablar con ella!

MARÍA: No está. Ha salido.

JUAN: ¿A dónde ha ido?

MARÍA: No lo sé. Carmen no quiere decirme nada. Dice que necesita pensar. ¿Pensar en qué? Yo no lo sé, la verdad... ¿Dónde estás tú?

JUAN: En la calle. Me está esperando un taxi. Me voy de viaje.

MARÍA: Llama más tarde.

JUAN: No puedo. Mi tren sale dentro de una hora.

MARÍA: ¿Ah, sí? ¿Te vas de Madrid?

JUAN: Sí. Dígale a Carmen que he llamado.

MARÍA: ¿Le digo que te llame?

JUAN: No, no. Dígale sólo que he llamado.

MARÍA: No te preocupes; se lo diré. ¡Que tengas buen viaje!

ROSI: ¡Qué bien!, ¡has venido! Hay que hacer un montón de cosas: tienes que llamar por teléfono a este señor... y después tienes que ir a escuchar unas pruebas de sonido. Luego hay que leer estos guiones que ha traído Juan.

CARMEN: ¿Dónde está? Tengo que hablar con él.

DIEGO: ¡Ah!, ¿no lo sabes?

CARMEN: ¿No sé... qué?

ROSI: Juan se ha ido a Zaragoza.

CARMEN: ¿Cuándo?

DIEGO: Hoy... Bueno... ahora... Su tren sale a la una y media. ¿A dónde vas? ¿A dónde va?

ROSI: ¡Ay!

CARMEN: Lo siento. Tengo que llegar a tiempo a la estación. ¡Es una emergencia!

SEÑOR: ¿Qué clase de emergencia?

CARMEN: El hombre que quiero se va.

SEÑOR: Entonces... emergencia amorosa. ¡Corra, joven! ¿No ve que la chica tiene prisa?

PRESENTADOR: Bueno, ganó el amor. Pero aquí no termina esta historia. ¿Quieren conocer la continuación? Les espero en la segunda parte de *Viaje al Español*. Conocerán más cosas de España y aprenderán a comunicarse mejor con nosotros. ¡Adiós!

Hasta... ¡Viaje al Español 3!

LOS NUMERALES CARDINALES

1. Las decenas y las unidades van siempre unidas por la conjunción y excepto en los números veintiuno a veintinueve:

> 479 = cuatrocientos setenta **y** nueve.
> 1.683 = mil seiscientos ochenta **y** tres.

Lo mismo ocurre con las decenas y las unidades de millar:

> 32.000 = treinta **y** dos mil.
> 157.484 = ciento cincuenta **y** siete mil cuatrocientos ochenta **y** cuatro.

En el resto de los casos esta conjunción no aparece:

> 101 = ciento uno, -a.
> 3.100 = tres mil cien.
> 2.008 = dos mil ocho.
> 3.301 = tres mil trescientos, -as uno, -a.

1 uno, -a	13 trece	25 veinticinco	90 noventa	2.000 dos mil
2 dos	14 catorce	26 veintiséis	100 cien	3.000 tres mil
3 tres	15 quince	27 veintisiete	101 ciento uno, -a	20.000 veinte mil
4 cuatro	16 dieciséis	28 veintiocho	200 doscientos, -as	100.000 cien mil
5 cinco	17 diecisiete	29 veintinueve	300 trescientos, -as	200.000 doscientos, -as mil
6 seis	18 dieciocho	30 treinta	400 cuatrocientos, -as	300.000 trescientos, -as mil
7 siete	19 diecinueve	31 treinta y uno, -a	500 quinientos, -as	400.000 cuatrocientos, -as mil
8 ocho	20 veinte	40 cuarenta	600 seiscientos, -as	500.000 quinientos, -as mil
9 nueve	21 veintiuno, -a	50 cincuenta	700 setecientos, -as	1.000.000 un millón
10 diez	22 veintidós	60 sesenta	800 ochocientos, -as	1.500.000 un millón quinientos, -as
11 once	23 veintitrés	70 setenta	900 novecientos, -as	mil o un millón y medio
12 doce	24 veinticuatro	80 ochenta	1.000 mil	2.000.000 dos millones

2. Ejemplos de combinaciones de números:

> 8 = ocho.
> 48 = cuarenta y ocho.
> 248 = doscientos, -as cuarenta y ocho.
> 4.248 = cuatro mil doscientos, -as cuarenta y ocho.
> 84.248 = ochenta y cuatro mil doscientos, -as cuarenta y ocho.
> 584.248 = quinientos, -as ochenta y cuatro mil doscientos, -as cuarenta y ocho.
> 2.584.248 = dos millones quinientos, -as ochenta y cuatro mil doscientos, -as cuarenta y ocho.
> 32.584.248 = treinta y dos millones quinientos, -as ochenta y cuatro mil doscientos,-as cuarenta y ocho.
> 2.000.000 = dos millones.
> 2.400.000 = dos millones cuatrocientos, -as mil.
> 2.450.000 = dos millones cuatrocientos,-as cincuenta mil.
> 2.457.000 = dos millones cuatrocientos, -as cincuenta y siete mil.
> 2.457.600 = dos millones cuatrocientos, -as cincuenta y siete mil seiscientos, -as.
> 2.457.630 = dos millones cuatrocientos, -as cincuenta y siete mil seiscientos, -as treinta.
> 2.457.633 = dos millones cuatrocientos, -as cincuenta y siete mil seiscientos, -as treinta y tres.

LOS PRONOMBRES PERSONALES

1. Formas:

Columna A: pronombres sujeto.
Columna B: pronombres objeto directo.
Columna C: pronombres objeto indirecto.
Columna D: pronombres reflexivos.
Columna E: pronombres combinados con preposiciones.

A	B	C	D	E
yo		me		mí, conmigo
tú		te		ti, contigo
usted	lo, la	le	se	usted
él, ella				él, ella
nosotros, -as		nos		nosotros, -as
vosotros, -as		os		vosotros, -as
ustedes	los, las	les	se	ustedes
ellos, -as				ellos, ellas

2. Es frecuente que en una frase se combinen un pronombre de objeto indirecto y otro de objeto directo; en ese caso, el primero precede siempre al segundo.

> Juan **me lo** dio.
> Esther **nos lo** contó.

Observación: Cuando se combinan los pronombres de objeto indirecto le y les con los de objeto directo lo, la, los, las, los primeros adoptan, por razones fonéticas, la forma se.

> le/les + lo/la/los/las ⇒ se + lo/la/los/las

> Luis **le** dio ese libro. ⇒ Luis **le lo** dio. ⇒ Luis **se** lo dio.
> Lucía **les** regaló su foto. ⇒ Lucía **les la** regaló. ⇒ Lucía **se** la regaló.

3. Es posible insistir, cuando lo deseemos, en la persona a la que afecta lo que se dice en la frase, es decir, destacar su importancia (mecanismo frecuente con los verbos del tipo de gustar, que veremos más adelante). Para ello, usamos un pronombre de objeto indirecto (me, le, etc.) y una expresión formada por la preposición a seguida de: un pronombre preposicional (mí, ti, etc.); un nombre propio (Carmen, Lucía, etc.); o una expresión nominal (la niña, su novio, etc.).

> Da**me a mí** ese café.   (yo: me - a mí)
> Juan **le** ha regalado **a Carmen** un libro.   (Carmen: le - a Carmen)
> **A él** no **le** gusta el té.   (él: a él - le)
> **A la niña le** duele la cabeza.   (la niña: a la niña - le)

4. El pronombre de objeto directo lo puede sustituir a toda una frase; lo denominamos entonces pronombre neutro.

> — Han venido Carlos y Ana.   — María y Luis se han casado.
> — No **lo** creo.   — Sí, ya **lo** sabía.

Observación: También los demostrativos poseen una forma neutra mediante la cual pueden referirse a toda una frase: eso, esto y aquello.

> — Ha llovido mucho este invierno.
> — **Eso** no es verdad.

LA FORMA "SE"

1. Empleamos la forma se en "construcciones impersonales", es decir, aquéllas en las que no queremos mencionar o ignoramos el sujeto concreto de la acción o aquéllas en las que dicha acción se atribuye a un sujeto muy general. Observemos la diferencia entre:

> Felipe habla español./En Argentina **se** habla español.

En el primer ejemplo, el sujeto de la acción es Felipe; en el segundo, la forma se remite a un sujeto general: ''los habitantes, la gente... de Argentina''. Veamos otro ejemplo:

> No puedo aparcar aquí./No **se** puede aparcar aquí.

En el primer ejemplo, el sujeto de la acción soy yo (no puedo aparcar, a lo mejor, porque el sitio es muy pequeño para mi coche); en el segundo, la forma se sirve para formular una imposibilidad de carácter general y de destinatario universal (nadie puede aparcar porque está prohibido).

Resulta por tanto normal que las construcciones con se sean frecuentes en aquellas frases en las que se dan o piden instrucciones de carácter general para llevar a buen término una acción.

> ¿Cómo se hace la ensalada?
> ¿Por dónde se va a Madrid?
> Esta lata se abre así.

2. El verbo suele emplearse en tercera persona del singular. No obstante, si va seguido de un sustantivo en plural, el verbo deberá estar en tercera persona del plural.

> ¿Se pued**e** coger **un caramelo**?   ¿Se pued**en** hacer **fotos** aquí?
> Se cort**a** **la carne**.   Se cort**an** **las patatas**.

 LOS INTERROGATIVOS

1. Formas:

¿quién?, ¿quiénes?
¿cuál?, ¿cuáles?
¿qué?
¿cuánto?
¿cuánto?, ¿cuánta?, ¿cuántos?, ¿cuántas?
¿cómo?
¿dónde?
¿cuándo?

2. Usos:

a) Quién (masculino y femenino singular) y quiénes (masculino y femenino plural) se usan para preguntar por la identidad de las personas:

> — ¿**Quién** es esa chica?
> — Carmen.

> — ¿**Quiénes** son esos señores?
> — Mis padres.

> — ¿**Quién** es?
> — El cartero.

Pueden aparecer, con el mismo uso, precedidos de preposición:

> — ¿**De quién** es esta maleta?   — ¿**Para quién** es ese regalo?
> — Es de Marta.   — Es para Luis.

El Rincón de la Gramática

b) Cuál (masculino y femenino singular) y cuáles (masculino y femenino plural) se usan para identificar o señalar una cosa entre varias de la misma clase:

— ¿**Cuál** es tu vestido?
— El de la derecha.

— ¿**Cuáles** son tus zapatos?
— Los negros.

Cuál, cuáles pueden sustituir a quién, quiénes cuando se trata de identificar o señalar a una persona entre varias:

— ¿**Cuál** es tu novia?
— La del vestido rojo.

c) Qué es el interrogativo más generalmente empleado; es una forma invariable y tiene varios usos:

- Seguida de sustantivo, tiene un valor similar a cuál, cuáles:

¿**Qué** carnicería me recomiendas? ⇒ ¿**Cuál** me recomiendas?
¿**Qué** zapatos quieres? ⇒ ¿**Cuáles** quieres?
¿**Qué** gafas te gustan más? ⇒ ¿**Cuáles** te gustan más?

- Se usa también sin un sustantivo. En ese caso, referido a personas, sirve para preguntar por la profesión. Veamos la diferencia entre:

¿**Qué** es tu padre? (= ¿Cuál es su profesión?)
¿**Quién** es tu padre? (= ¿Cuál de ellos es tu padre?)

- Referido a cosas, qué tiene un valor neutro (=¿qué cosa?):

¿**Qué** van a tomar? (=¿**Qué cosa** van a tomar?)
¿**Qué** es eso?
¿**Qué** es un transistor?
¿**Qué** desea?
¿**Qué** hay en la maleta?
¿**Qué** haces los sábados?
¿**Qué** te gusta más, la radio o la televisión?

- En este nivel hemos aprendido además a usar este interrogativo:

  – Precedido de preposición:

  ¿**Para qué** sirve esta tarjeta?
  ¿**Por qué** no vamos a la playa?
  ¿**A qué** hora comen los españoles?
  ¿**De qué** es la camisa?

  – En la fórmula ¿qué tal? con sus diversos usos:

  ¿**Qué tal** son las naranjas?
  ¿**Qué tal** las vacaciones?
  ¿**Qué tal** están tus padres?
  ¿**Qué tal** está la naranja?

  – Para responder cuando nos llaman por nuestro nombre:

  — ¡Julián!
  — ¿**Qué**?

- Hay que notar, por último, que la construccion qué + verbo permite dar a elegir entre cosas diferentes:

  — Te voy a hacer un regalo. ¿**Qué** prefieres, una camisa o unos pantalones?

Mientras que la construcción qué + sustantivo permite dar a elegir entre varias cosas de la misma clase.

— ¿**Qué** camisa quieres, la verde o la de rayas?
(= ¿**Cuál** quieres, la verde o la de rayas?)

d) Cuánto sirve para preguntar por la cantidad.

- Cuando acompaña al verbo es invariable:

> ¿**Cuánto** es?
> ¿A **cuánto** están las naranjas?
> ¿**Cuánto** cuesta?
> ¿**Cuánto** mide la piscina?
> ¿**Cuánto** pesas?
> ¿A **cuánto** está Salamanca de Madrid?

- Cuando acompaña al sustantivo acusa los cambios de género y número propios de un adjetivo:

> ¿**Cuánto** dinero tienes?
> ¿**Cuánta** agua hay?
> ¿**Cuántos** años tienes?
> ¿**Cuántas** hermanas tienes?
> ¿A **cuántos** kilómetros está Barcelona?

e) Cómo, invariable, sirve para preguntar por el modo o la manera:

> ¿**Cómo** se escribe tu nombre?
> ¿**Cómo** se cierra esta ventana?
> ¿**Cómo** se pronuncia tu nombre?
> ¿**Cómo** se puede ir a León?
> ¿**Cómo** es el niño?
> ¿**Cómo** están las gambas?

f) Dónde, invariable, sirve para preguntar por el lugar:

> ¿**Dónde** está el baño?
> ¿**Dónde** vives?
> ¿**Dónde** venden sellos?
> ¿**Dónde** le duele?

Puede ir precedido de preposición:

> — ¿**A dónde** vas?
> — A casa.

> — ¿**De dónde** vienes?
> — De la oficina.

> — ¿**Por dónde** se va a Málaga?
> — Por la carretera de la costa.

g) Cuándo, invariable también, sirve para preguntar por el tiempo o el momento:

> ¿**Cuándo** van a venir tus padres?
> ¿**Cuándo** lo has visto?
> ¿**Cuándo** empiezan las fiestas?
> ¿**Cuándo** nació Picasso?

5 EL RELATIVO "QUE"

1. Para identificar con precisión a una persona, cosa o animal, es necesario normalmente aportar una descripción o información concreta al respecto. Es frecuente hacerlo usando un adjetivo o una frase con preposición.

> Dame la camisa **blanca**.
> Ha venido el hijo **de tu amiga**.

2. Pero también puede aportarse esa información adicional usando una frase relativa, es decir, una frase encabezada por un pronombre relativo. De los pronombres relativos, el más empleado en español es que.

> El niño **que** vino ayer.
> El helado **que** no tiene chocolate.

El Rincón de la Gramática

3. El nombre que precede al relativo que y al cual éste se refiere, no suele expresarse cuando es fácilmente deducible por el contexto, bien porque ha sido citado anteriormente, bien porque la situación lo hace fácilmente identificable.

> — ¿Quién es ese niño?
> — **El que** vino ayer. (no es necesario repetir ''niño'')

> — ¿Qué corbata quieres?
> — **La que** me puse ayer. (no es necesario repetir ''corbata'')

Veamos ahora un ejemplo en que la situación hace fácilmente identificable el objeto al que se refiere el relativo: una persona tiene dos helados en la mano y ofrece uno de ellos a un amigo. Ni en el ofrecimiento ni en su aceptación será necesario mencionar la palabra "helado" porque resulta evidente de qué se está hablando:

> — ¿Cuál quieres?
> — **El que** no tiene chocolate.

6 EL VERBO

Los infinitivos de los verbos españoles pueden terminar en -AR (pasar), en -ER (comer) o en -IR (subir) determinando así tres conjugaciones distintas; las formas de un verbo varían de acuerdo con la conjugación a la que pertenece. Las variaciones de los verbos ''regulares'' se ajustan siempre al mismo modelo (consultar la TABLA I). En cambio, las variaciones de los verbos ''irregulares'' se desvían de ese modelo en algún punto (consultar la TABLA II). Estos últimos verbos se indicarán en el apartado de vocabulario mediante la abreviatura *(v. i.)*.

En este nivel profundizaremos un poco más en las formas del presente de indicativo, del imperativo y del gerundio de los verbos regulares y de algunos verbos irregulares, y veremos otras nuevas: las del participio, necesarias para construir el pretérito perfecto, las del pretérito imperfecto y las del pretérito indefinido, algunas del condicional y del futuro y las del subjuntivo presente. (Todas estas formas, exceptuando las del condicional, se detallarán en las TABLAS finales de El Rincón de la Gramática.)

1. El presente

a) Formas: ver TABLAS I y II.

b) Empleamos el presente de los verbos para hablar de lo que es habitual:

> No **fumo**.
> **Vivimos** en Barcelona.

También lo empleamos para hablar de las personas y cosas en el tiempo actual:

> **Peso** demasiado. **Estoy** muy gordo.
> ¿Cuántas habitaciones **tiene** tu piso?

c) Para hablar de lo que sucede en el momento en que se habla, usamos la construcción estar + gerundio:

> **Estoy esperando** a mi padre. Y tú, ¿qué **estás haciendo**?

d) Por último, también usamos el presente para hablar de acciones en un futuro próximo:

> Mis hijos **vienen** esta noche.

2. **El pretérito perfecto**

a) Los verbos forman el pretérito perfecto con el presente del verbo haber y el participio del verbo correspondiente: **he** pas**ado**, **has** com**ido**, **ha** sub**ido**, **hemos** sal**ido**, **habéis** entr**ado**, **han** jug**ado**, etc. (En la TABLA I figuran las formas regulares.)

b) El verbo haber se usa esencialmente como verbo auxiliar para construir tiempos compuestos, como es el caso del pretérito perfecto. Es un verbo irregular (ver su conjugación en la TABLA II).

Pero el verbo haber tiene también una forma impersonal invariable que usamos para hablar de la existencia o no de personas y cosas en un lugar determinado:

> **Hay** agua en el coche.
> **Hay** mucha gente en la calle.

Por supuesto, cada tiempo tiene su forma impersonal correspondiente: **ha habido** (perfecto), **había** (imperfecto), **hubo** (indefinido), etc.

c) Formación del participio de los verbos regulares:

> verbos en -AR ⇒ -ado: pasar ⇒ pasado
> verbos en -ER ⇒ -ido: comer ⇒ comido
> verbos en -IR ⇒ -ido: subir ⇒ subido

(En la TABLA II figuran los participios irregulares.)

d) Usamos el pretérito perfecto para contar lo sucedido en un pasado próximo (ver punto 6.4.b):

> Hoy no **he desayunado.**
> **Hemos venido** para hablar contigo.

3. **El pretérito imperfecto**

a) Formas: ver TABLAS I y II.

b) Usamos el imperfecto para hablar de lo que era habitual en el pasado:

> Pilar **iba** a Madrid todos los lunes.
> Andrés **trabajaba** en un banco.

El imperfecto sirve por tanto, sobre todo con los verbos ser, estar, haber y tener, para indicar cómo eran las personas y las cosas en el pasado:

> **Era** una chica muy alta.
> La playa **estaba** cerca del hotel.
> **Había** muchos restaurantes en el pueblo.
> Mi habitación no **tenía** cuarto de baño.

Por eso, cuando contamos una historia pasada, el imperfecto es el tiempo ideal para las partes descriptivas; en cambio, el indefinido, que veremos a continuación, se usa para narrar los hechos más sobresalientes (en general, acciones) de esa historia.

> Salí de casa a las ocho; **hacía** muy buen tiempo. Llegué a la oficina a las ocho y media y llamé por teléfono a mi hermano, que **estaba** en Málaga... Después escribí unas cartas. Me **dolía** un poco la cabeza y bajé a la farmacia a comprar algo...

El Rincón de la Gramática

4. **El pretérito indefinido**

   a) Formas: ver TABLAS I y II.

   b) El valor del indefinido es muy similar al del perfecto (ver punto 6.2.d). Usamos uno y otro esencialmente para narrar hechos pasados. La diferencia es que el indefinido se refiere a hechos pasados que sucedieron en un tiempo también pasado (ayer, por ejemplo):

   > **Ayer comí** demasiado.

   El perfecto, en cambio, se refiere a hechos pasados sucedidos en un tiempo no terminado aún (hoy, por ejemplo):

   > **Hoy he comido** demasiado.

   Observamos, en efecto, que ayer señala un período de tiempo en que el hablante ya no está, mientras que hoy es un período de tiempo que continúa en el momento en que se habla.

   Otros ejemplos:

   > **El año pasado estuve** en Londres. (el año ha terminado)
   > **Este año he estado** en Londres. (el año no ha terminado)

   Obervación: Esta distinción de usos para el perfecto y el indefinido no es respetada de manera sistemática por todos los hablantes nativos de español.

5. **El condicional (de cortesía)**

   Hemos visto en diferentes lugares de este libro unas formas verbales de los verbos poder y querer que sirven para presentar peticiones cortésmente.

   > ¿**Podrías** venir?
   > **Querría** una camisa de seda.

   Estas formas pertenecen a un tiempo llamado condicional, cuyos usos generales veremos más adelante.

6. **El futuro**

   a) Formas: ver TABLAS I y II.

   b) Para hablar de las cosas venideras se emplea normalmente la construcción ir a + infinitivo:

   > Esta tarde **voy a quedarme** en casa.

   c) Pero hay otra manera, que consiste en usar directamente las formas futuras de los verbos:

   > Esta tarde me **quedaré** en casa.

   La construcción ir a + infinitivo es más frecuente, al menos en la lengua hablada castellana, y es especialmente apropiada para comunicar planes o decisiones; por su parte, el futuro (lloverá, tendremos, etc.) resulta idóneo para hacer pronósticos y conjeturas:

   > El próximo fin de semana **lloverá** en el sur.
   > No **tendremos** muchos hijos.

   Sin olvidar, por último, que el presente puede usarse también para hablar del futuro (ver punto 6.1.d).

7. El presente de subjuntivo

a) Formas: ver TABLAS I y II.

b) Los tiempos verbales que hemos visto hasta el momento (presente, pretéritos perfecto, imperfecto e indefinido, y futuro) corresponden al modo llamado "indicativo". Pero existe en español otro modo: el "subjuntivo", compuesto también de una serie de tiempos; en este libro nos hemos acercado al presente. Repasémoslo.

c) El presente de subjuntivo aparece normalmente como segundo verbo en ciertos tipos de frases:

Luis quiere que **vengas** con nosotros.
Te aconsejo que no **bebas** esto.
Te he regalado esta corbata para que te la **pongas**.
Mi padre me ha dicho que **estudie** más.

En concreto, el subjuntivo aparece en:

• Frases con querer que o aconsejar que.

Queremos que **vengas** con nosotros.
Te aconsejo que no **entres**.

Los verbos del tipo de querer y aconsejar son denominados verbos de "influencia". Se usan para expresar la intención de alguien de actuar sobre otra u otras personas para que hagan algo (venir, entrar, estudiar, etcétera).

En ocasiones, el verbo decir puede actuar también como un verbo de influencia:

Mi padre me ha dicho que **estudie** más.

• Frases con para que.

Te he regalado esta corbata **para que** te la **pongas**.

• Ciertas frases con el relativo que.

Estoy buscando un libro **que tenga** fotos de Galicia.

Este uso del subjuntivo aparece cuando nos referimos a personas, cosas o animales que no podemos identificar plenamente. En el ejemplo que damos, la persona que busca el libro no está pensando en un libro en concreto; busca, sencillamente, un libro con fotos de Galicia, cualquiera que sea. De buscar un libro concreto (por ejemplo, un libro con fotos de Galicia que compró hace un mes), esa persona hubiera dicho:

Estoy buscando un libro **que tiene** fotos de Galicia.

Teniendo esto en cuenta, observemos la diferencia entre: Quiero el helado que no **tenga** chocolate y Quiero el helado que no **tiene** chocolate (ver punto 5.3.).

8. El imperativo

a) Formas: ver TABLAS I y II. (Observemos que las formas afirmativas y negativas para usted/ustedes son las mismas que las del presente de subjuntivo.)

b) Las formas del imperativo sirven para pedir, ordenar, prohibir, sugerir, aconsejar, recomendar, etc.

El Rincón de la Gramática

 PERÍFRASIS VERBALES

1. Ya conocemos tres importantes perífrasis verbales que nos permiten hablar de lo que es obligatorio, necesario o conveniente:

   a) **tener que + infinitivo.** **Tengo que ir** a Madrid.
   b) **deber + infinitivo.** **Debes estudiar** más.
   c) **hay que + infinitivo.** **Hay que hacer** deporte.

2. La construcción tener que + infinitivo es especialmente adecuada para recomendaciones; también se usa a menudo para recordar a alguien una obligación. Un poco más suave y formal es la construcción deber + infinitivo, que se emplea frecuentemente para hacer sugerencias.

   > **Tengo que ir. / Tienes que hacer** la cena.
   > **Debo terminar** el trabajo./ **Debes llamar** a tu marido.

   Observación: En frases negativas, se usa preferentemente la construcción deber + infinitivo:

   > **No debes fumar,** Carlos.

3. Contrariamente a las dos anteriores, la construcción hay que + infinitivo es invariable: no señala quién tiene que hacer lo que se dice, sino tan sólo que es necesario o conveniente hacerlo.

   > **Hay que comer** bien. (general)

 ORACIONES COMPUESTAS

El estilo indirecto

1. Normalmente disponemos de dos posibilidades de contar lo que otra persona dice o ha dicho. La primera consiste en citar textualmente las palabras de esa persona –lo que no es muy frecuente:

   > Juan dice: ''**Estoy** muy cansado''.
   > Luis dice: ''Siempre **me afeito** por la mañana''.

   La segunda posibilidad consiste en recurrir a una oración introducida por ''que'':

   > Juan dice **que está** muy cansado.
   > Luis dice **que** siempre **se afeita** por la mañana.

2. Observemos que el uso de ''que'' tiene consecuencias inmediatas sobre algunas de las palabras que siguen: los verbos originales en primera persona (estoy/afeito) han pasado a la tercera persona (está/afeita); del mismo modo, el pronombre de primera persona (me) ha pasado a la tercera persona (se).

   Lo mismo ocurre cuando transmitimos las órdenes, peticiones, ruegos, recomendaciones o prohibiciones de otra persona:

   > Juan le ha dicho a Carmen: ''**¡Entra!**'' ⇒
   > Juan le ha dicho a Carmen **que entre.**
   >
   > El profesor nos **ha dicho**: ''**Estudiad** más''. ⇒
   > El profesor nos ha dicho **que estudiemos** más.
   >
   > Juan dice: ''**Cenad conmigo**''. ⇒
   > Juan dice **que cenemos con él**.

   En los tres ejemplos se observan una serie de cambios. Dos de ellos ya los conocemos: el verbo original (entra/estudiad/cenad) cambia de persona para concordar con su respectivo sujeto (entre-Carmen/estudiemos-nosotros/cenemos-nosotros); también ha cambiado el pronombre original (conmigo ⇒ con él).

   Pero hay un cambio nuevo: las formas imperativas de los tres verbos originales han pasado al subjuntivo (entra ⇒ entre/ estudiad ⇒ estudiemos/ cenad ⇒ cenemos). Volvamos al punto 6.7.c) para recordar este aspecto.

3. Por último, tengamos en cuenta que aunque decir es el verbo más frecuente para transmitir las órdenes, peticiones, etc., de otras personas, cabe utilizar otros más específicos que funcionan de la misma manera:

> El profesor me ha aconsejado: "**Estudia** más". ⇒
> El profesor me ha aconsejado **que estudie** más.

Construcciones con querer

En este libro hemos visto dos formas de combinar el verbo querer con otro verbo:

> **Luis quiere trabajar** más.
> **Luis quiere** <u>que</u> **Ana trabaje** más.

En el primer ejemplo, Luis es el sujeto de los dos verbos: él es el que quiere y él es el que trabaja; por eso el segundo verbo va en infinitivo. En el segundo ejemplo, Luis sigue siendo el sujeto de quiere pero el sujeto de trabaje es ahora Ana; por eso el segundo verbo va en subjuntivo (recordemos qué ocurre cuando alguien quiere influir en la conducta de otra persona volviendo al punto 6.7.c).

Construcciones con para y para que

1. Algo semejante a lo anterior sucede con las frases que se emplean para expresar propósito:

> **Luis ha venido** <u>para</u> **ayudar** a Carlos.
> **Luis ha venido** <u>para que</u> **Carlos** le **ayude**.

En el primer ejemplo, el sujeto de los dos verbos coincide (Luis); por eso el segundo verbo va en infinitivo. En el último ejemplo, no coincide el sujeto de los verbos (Luis-Carlos); por eso el segundo verbo va en subjuntivo.

2. Las preguntas con ¿para qué? sirven para interrogar sobre el propósito o destino de algo. Pueden contestarse, sin variar su significado, con dos construcciones distintas:

- Para que + subjuntivo:

> — ¿**Para qué** paramos en este pueblo?
> — **Para que** los niños **descansen** un poco.

- Para + infinitivo:

> — ¿**Para qué** has comprado arroz?
> — **Para hacer** una paella.

(9) ## LAS INTENSIFICACIONES

Hay varios modos de intensificar una determinada característica o de mostrar el grado mayor de una cantidad. De momento, veamos los siguientes:

1. **Muy + adjetivo.**

> Es **muy** guapa.
> No vamos a comprar ese coche: es **muy** caro.

2. **Mucho, -a, -os, -as + sustantivo.**
   Mucho (invariable).

> Hace **mucho** frío.
> Mis hijos beben **mucha** leche.
> Has comido **muchos** pasteles.
> Conozco **muchas** ciudades europeas.
>
> No quiero más. He comido **mucho** y me duele el estómago.
> Viaja **mucho** y nunca está en casa.

El Rincón de la Gramática

3. **Muy bien.**
   Muy mal.

> — ¿Qué tal estás?
> — **Muy bien**, gracias.
> — Papá, he perdido el reloj.
> — ¡**Muy mal**!
>
> He hecho **muy bien** el examen.
> Hoy hemos comido **muy mal.**

4. Otro procedimiento consiste en añadir la terminación o sufijo **-ísimo, -ísima, -ísimos, -ísimas** al adjetivo correspondiente.

> Es guap**ísima.**
> No vamos a comprar ese coche: es car**ísimo**.
> No quiero más pasteles: ya he comido much**ísimos.**

Los siguientes esquemas ayudarán a añadir la terminación correcta según los adjetivos:

> alto   ⇒ alt - **o**   ⇒ alt - **ísimo**   ⇒ altísimo
> grande ⇒ grand - **e** ⇒ grand - **ísimo** ⇒ grandísimo
> normal ⇒ normal   ⇒ normal - **ísimo** ⇒ normalísimo

5. También podemos lograr una intensificación anteponiendo al adjetivo o sustantivo en cuestión la palabra **qué**; la entonación pasa entonces a ser exclamativa (¡...!) y se producen ligeros cambios en el orden de las palabras.

> ¡**Qué** caro es ese coche!
> ¡**Qué** mal hemos comido hoy!
> ¡**Qué** frío hace!
> ¡**Qué** fría está el agua!

En estos casos puede omitirse el verbo:

> — Las naranjas están a 250 pesetas el kilo.
> — ¡**Qué** caras!
>
> — ¡**Qué** frío!
> — Hombre, claro. Está nevando en toda España.

6. Resumiendo: Para intensificar cualidades podemos elegir entre las siguientes posibilidades:

> Es **muy** guapa.   Es guap**ísima.**   ¡**Qué** guapa es!

 ## LAS COMPARACIONES

Las personas, cosas y acciones pueden compararse aludiendo a una de sus características: la altura, la belleza, la estatura, el tamaño, etc. (ser alto, ser bonito, ser grande, etc.).

1. Cuando el medio de comparación es un adjetivo, recurrimos a los siguientes esquemas:

   a) más + adjetivo + que (expresa superioridad)
   b) menos + adjetivo + que (expresa inferioridad)
   c) tan + adjetivo + como (expresa igualdad)

> Mi coche es **más rápido que** el tuyo.
> Este árbol es **menos alto que** aquél.
> Mi novio es **tan guapo como** el tuyo.

Con mucha frecuencia el contexto o la situación dejan bien claro de quién o qué se está hablando y no es necesaria la segunda estructura de la comparación (la que empieza con que):

> — **Este coche** es muy rápido.
> — Ya, pero un Mercedes es **más rápido**.
>
> David no es **así**; es **más bajo.**

Observación: Algunos adjetivos no necesitan seguir este esquema porque ya tienen una forma comparativa propia:

> bueno, -a, bien ⇒ mejor
> malo, -a, mal ⇒ peor
> grande ⇒ mayor

> Mi madre se encuentra **mejor** (= más bien) que ayer.
> Este café es **peor** (= más malo) que el otro.
> Lucía tiene **mayores** (= más grandes) problemas.

2. Cuando el medio de comparación es un sustantivo, recurrimos a los siguientes esquemas:

   a) más + sustantivo + que (expresa superioridad)
   b) menos + sustantivo + que (expresa inferioridad)
   c) tanto, -a, -os, -as + sustantivo + como (expresa igualdad)

   > Aquí hay **más libros que** en mi casa.
   > Yo tengo **menos dinero que** tú.
   > Tengo **tanto miedo como** ella.
   > Luis ha bebido t**anta cerveza como** Carlos.

3. Cuando el medio de comparación es un verbo, recurrimos a los siguientes esquemas:

   a) verbo + más que (expresa superioridad)
   b) verbo + menos que (expresa inferioridad)
   c) verbo + tanto como (expresa igualdad)

   > La radio me **gusta más que** la televisión.
   > En Andalucía **llueve menos que** en Galicia.
   > Esa falda **cuesta tanto como** la roja.

4. Por último, empleamos la palabra como para expresar una semejanza, general o concreta, entre varias personas, cosas y acciones.

   > La niña es **como** su madre. (semejanza general)
   > La niña es **rubia como** su madre. (semejanza concreta)
   >
   > Este coche es **como** el nuestro. (general)
   > Este coche es **italiano**, **como** el nuestro. (concreta)

(11) **LAS PREPOSICIONES**

1. Veamos algunos usos de las preposiciones cuando se trata de situar algo en el tiempo:

   a) Para indicar el momento del día: por.

      > Duerme **por la mañana** y trabaja **por la noche**.
      > **Por las tardes** veía la televisión.

   b) Para indicar la hora y el momento del día: de.

      > Son las once **de la mañana**.
      > Las clases empiezan a las cinco **de la tarde**.

   c) Para indicar la hora: a.

      > — ¿**A** qué hora empieza la película?
      > — **A las once y media**.

   d) Para indicar la presencia o no de luz natural: de día, de noche.

      > Son las nueve y todavía es **de día**.
      > Nunca salgo **de noche** a la calle.

   e) Para localizar los hechos en bloques de tiempo (años, meses, estaciones, vacaciones, etc.): en.

      > Picasso nació **en 1881**.
      > **En invierno** nieva mucho.
      > Normalmente voy a Barcelona **en mayo**.
      > **En Navidad** nos vamos a Italia.

El Rincón de la Gramática

Observación: Cuando se indica el día, la preposición no es necesaria pero sí el artículo:

> Las fiestas empiezan **el tres** de junio.
> **El lunes** nos vamos a Alemania.
> Nací **el 4 de mayo** de 1953.
> **Los sábados** y **los domingos** también trabajan.

2. La preposición para puede plantear algún problema; de momento recordemos que se emplea:

a) Para indicar el destinatario de algo.

> — ¿**Para** quién es este regalo?
> — **Para** ti, hombre, **para** ti.
> Traigo una carta **para** usted.

b) Para indicar la utilidad de las cosas.

> — ¿**Para** qué sirve esto?
> — **Para** encender y apagar la televisión.
> Este bolígrafo no escribe, no sirve **para** nada.

3. Existe una serie de palabras y expresiones (en los cuadros adjuntos se observan las más usuales) que puede emplearse de dos maneras:

Con la preposición de, si van seguidas de sustantivo o pronombre.

> El hotel está **enfrente de** la iglesia.
> **A la derecha de** la calle está la plaza.
> Viven **al lado de** la catedral.
> Ponte **detrás de** mí y no digas nada.

Sin la preposición de, cuando no van seguidas de sustantivo o pronombre.

> ¿Ves la iglesia? Pues el hotel está **enfrente**.
> Coja la primera calle **a la derecha**.
> Viven aquí, **al lado**.
> No te pongas ahí, hombre. Ponte **detrás**.

a) La mayoría de esas palabras y expresiones se refieren a una localización en el espacio:

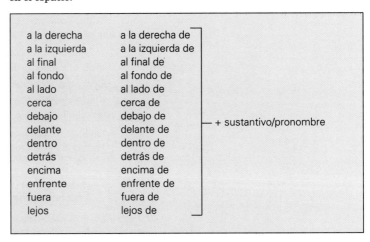

a la derecha	a la derecha de
a la izquierda	a la izquierda de
al final	al final de
al fondo	al fondo de
al lado	al lado de
cerca	cerca de
debajo	debajo de
delante	delante de
dentro	dentro de
detrás	detrás de
encima	encima de
enfrente	enfrente de
fuera	fuera de
lejos	lejos de

⎫ + sustantivo/pronombre

b) Otras, en cambio, se refieren a una localización en el tiempo:

antes	antes de
después	después de

⎫ + sustantivo/pronombre

EL ORDEN DE LAS PALABRAS

1. En español, el orden de las palabras dentro de una frase es bastante libre. Ello nos permite variar ese orden si, en un momento dado, deseamos destacar uno de los elementos de la frase, una información:

> — ¡Hombre, una tarta!
> — <u>Yo la he comprado.</u> ⇒ <u>La he comprado yo.</u>
>   (orden usual)   (orden alterado)

En este caso el hablante ha querido destacar que ha sido él, y no otra persona, la que ha comprado la tarta.

2. Estos cambios de posición tienen a veces consecuencias sintácticas que conviene tener en cuenta. Por ejemplo: el adverbio nunca puede situarse delante o detrás del verbo.

> Ana **nunca** cena.
> Ana **no** cena **nunca**.

Pero en el segundo caso ha sido necesario utilizar la negación no, fenómeno que también se da con otras palabras que ya hemos visto:

> **No** tenemos **nada** en el frigorífico.
> **No** ha venido **nadie** todavía.

> — ¿Me traes una cerveza, por favor?
> — **No** hay **ninguna**. Tenemos que ir a la tienda.

 LOS VERBOS DEL TIPO GUSTAR Y PARECER

1. Recordemos que los verbos gustar, encantar, doler, parecer (y también quedar y estar cuando se usan, como hemos visto en este libro, para hablar de cómo sienta la ropa o el calzado) se caracterizan por su construcción:

> Me **gusta el** café. / Me **gustan las** naranja**s**.
> Le **encanta el** cine. / Le **encantan los** niños.
> Me **duele la** cabeza. / Me **duelen las** manos.
> ¿Qué te **parece el** profesor? / ¿Qué te **parecen las** fresas?
> **Este** zapato me **queda** estrecho. / **Estos** zapato**s** me **quedan** estrechos.
> **Esta** falda me **está** larga. / **Estos** pantalon**es** me **están** cortos.

Los respectivos sujetos de cada verbo son el café, el cine, la cabeza, el profesor, este zapato, esta falda (singulares, verbo en singular), las naranjas, los niños, las manos, las fresas, los zapatos y los pantalones (plurales, verbo en plural) y no la persona que experimenta las distintas sensaciones. Esta persona queda reflejada en la frase mediante un pronombre complemento indirecto:

> me
> te
> le
> nos } gusta el café / gustan las naranjas
> os
> les

2. Recordemos aquí también que es frecuente con estos verbos del tipo de gustar, duplicar el objeto indirecto con el fin de insistir en la persona que experimenta tal o cual sensación:

> **A mí** no **me** gusta hacer deporte.
> **A Luis le** encanta escribir cartas.
> **A mí** eso no **me** parece bien.

El Rincón de la Gramática

 SER Y ESTAR

El español usa dos verbos, ser y estar, para cuestiones que en otras lenguas sólo precisan de uno. Repasemos los distintos usos de cada uno.

1. Usos de **ser**:

    a) Para identificar o presentar a las personas (¿quién?).

> **Soy** Andrés.
> Éste **es** mi jefe.
> **Somos** de Iberia.
> **Soy** la profesora de su hijo.

    b) Para identificar las cosas o decir cómo se llaman (¿qué?).

> ¿Qué **es** eso?
> Ésta **es** la catedral.

    c) Para hablar de la posesión (¿de quién?).

> ¿De quién **es** esta maleta?
> El libro **es** de Luis.

    d) Para hablar de la profesión (¿qué?).

> — ¿Qué **es** usted?
> — **Soy** profesor.

    e) Para hablar de la procedencia u origen de personas y cosas (¿de dónde?).

> — ¿De dónde **es**?
> — **Soy** italiano.

    f) Para hablar de la fecha y de la hora.

> Hoy **es** 12 de octubre de 1992.
> Mañana **es** jueves.
>
> — ¿Qué hora **es**?
> — **Son** las dos y media.
>
> Las clases **son** a las cuatro y media.

    g) Para preguntar o decir el precio de algo en el momento de ir a pagarlo.

> — ¿Cuánto **es**?
> — **Son** cuatrocientas pesetas.

    h) Para preguntar por las características de las cosas o de las personas.

> ¿Qué tal **es** ese restaurante?
> ¿Qué tal **es** el profesor?

    i) Para pedir o dar descripciones de personas y cosas.

> ¿Cómo **es** la niña?
> Ese chico no **es** rubio, **es** moreno.
> Mi ciudad **es** pequeña.

    j) Para hablar del destinatario de algo.

> ¿Para quién **es** ese filete?
> La merluza **es** para mí.

    k) Para hablar del material con que algo está hecho.

> ¿De qué **es** eso?
> ¿**Son** de lana?
> La camisa **es** de algodón.

    l) Para hablar de cuándo y dónde tienen lugar ciertas cosas.

> ¿Cuándo **es** la cena?
> La fiesta **es** en la Plaza Mayor.

2. Usos de **estar**:

a) Para localizar a personas y cosas.

> El jefe **está** en la oficina.
> Los libros **están** encima de la mesa.

b) Para hablar de la presencia de una persona o cosa en un sitio.

> — ¿**Está** tu padre?
> — No, no **está**.

c) En las construcciones con gerundio (estar + -ndo).

> — ¿Qué **estás** haciendo?
> — **Estoy** comiendo.

d) Para hablar de la fecha.

> — ¿A qué **estamos**?
> — **Estamos** a quince.

e) Para preguntar o dar el precio de algo cuando éste es variable.

> ¿A cuánto **están** las fresas?
> Las naranjas **están** a doscientas el kilo.

f) Para hablar del estado civil.

> ¿**Está** usted casado?
> **Estamos** solteros.

g) Para preguntar si un asiento está libre.

> ¿**Está** ocupado?

h) Para interesarse por la salud o el estado de los demás.

> ¿Qué tal **estás**?
> ¿Qué tal **están** tus padres?

i) Para hablar de la distancia.

> ¿A cuánto **está** Barcelona?
> Ávila **está** a cien kilómetros de Madrid.

j) Para expresar una opinión o valoración sobre algo que acabamos de probar.

> ¿Qué tal **está** hoy la sopa?
> El pastel **está** demasiado dulce.
> El agua **está** fría.

k) Para hablar del estado físico o psíquico de las personas.

> Carmen **está** triste.
> **Estoy** bastante cansado.

l) También hay que distinguir los usos de ser y estar en frases como:

> Carmen **es** muy guapa.
> Carmen **está** muy guapa.

En la primera frase, la persona está describiendo a Carmen (por ejemplo, para informar a alguien de cómo es) y recurre, para ello, a una de sus características: la belleza. En la segunda frase, sin embargo, el hablante comunica a otra persona, que ya conoce a Carmen, una característica que quizá otro día no se presente, por lo menos en el mismo grado; es decir, se limita a comentar cómo encuentra a Carmen, qué impresión le ha producido en ese momento.

Es cierto que esta diferencia de usos entre ser y estar resulta a veces difícil de dominar para un hablante extranjero. Pero no hay que preocuparse si no se acierta siempre con el verbo adecuado ya que, por lo general, no surgirán problemas de comunicación.

El Rincón de la Gramática

TABLA I: CONJUGACIONES REGULARES

A. Verbos en -AR: PASAR

INDICATIVO					SUBJUNTIVO	IMPERATIVO
Presente	**P. perfecto**	**P. imperfecto**	**P. indefinido**	**Futuro**	**Presente**	
paso	he pasado	pasaba	pasé	pasaré	pase	pasa pasad
pasas	has pasado	pasabas	pasaste	pasarás	pases	no pases no paséis
pasa	ha pasado	pasaba	pasó	pasará	pase	
pasamos	hemos pasado	pasábamos	pasamos	pasaremos	pasemos	
pasáis	habéis pasado	pasabais	pasasteis	pasaréis	paséis	
pasan	han pasado	pasaban	pasaron	pasarán	pasen	(no) pase (no) pasen

GERUNDIO	pasando		PARTICIPIO	pasado

B. Verbos en -ER: COMER

INDICATIVO					SUBJUNTIVO	IMPERATIVO
Presente	**P. perfecto**	**P. imperfecto**	**P. indefinido**	**Futuro**	**Presente**	
como	he comido	comía	comí	comeré	coma	come comed
comes	has comido	comías	comiste	comerás	comas	no comas no comáis
come	ha comido	comía	comió	comerá	coma	
comemos	hemos comido	comíamos	comimos	comeremos	comamos	
coméis	habéis comido	comíais	comisteis	comeréis	comáis	
comen	han comido	comían	comieron	comerán	coman	(no) coma (no) coman

GERUNDIO	comiendo		PARTICIPIO	comido

C. Verbos en -IR: SUBIR

INDICATIVO					SUBJUNTIVO	IMPERATIVO
Presente	**P. perfecto**	**P. imperfecto**	**P. indefinido**	**Futuro**	**Presente**	
subo	he subido	subía	subí	subiré	suba	sube subid
subes	has subido	subías	subiste	subirás	subas	no subas no subáis
sube	ha subido	subía	subió	subirá	suba	
subimos	hemos subido	subíamos	subimos	subiremos	subamos	
subís	habéis subido	subíais	subisteis	subiréis	subáis	
suben	han subido	subían	subieron	subirán	suban	(no) suba (no) suban

GERUNDIO	subiendo		PARTICIPIO	subido

TABLA II: CONJUGACIONES IRREGULARES

En esta TABLA se encuentran los verbos estudiados que presentan alguna irregularidad. Se omiten aquellas formas que, en principio, casi nunca se usarán (por ejemplo, el imperativo de "morir"). Los verbos están agrupados, en lo posible, por irregularidades y, con el fin de facilitar su consulta, se han numerado de forma que a cada verbo corresponde siempre el mismo número.

INDICATIVO PRESENTE						
Verbos	**yo**	**tú**	**él, ella, usted**	**nosotros, -as**	**vosotros, -as**	**ellos, -as, ustedes**
1 cerrar	cierro	cierras	cierra	cerramos	cerráis	cierran
2 despertar(se)	(me) despierto	(te) despiertas	(se) despierta	(nos) despertamos	(os) despertáis	(se) despiertan
3 divertir(se)	(me) divierto	(te) diviertes	(se) divierte	(nos) divertimos	(os) divertís	(se) divierten
4 empezar	empiezo	empiezas	empieza	empezamos	empezáis	empiezan
5 encender	enciendo	enciendes	enciende	encendemos	encendéis	encienden
6 entender	entiendo	entiendes	entiende	entendemos	entendéis	entienden
7 nevar	—	—	nieva	—	—	—
8 perder	pierdo	pierdes	pierde	perdemos	perdéis	pierden
9 preferir	prefiero	prefieres	prefiere	preferimos	preferís	prefieren
10 querer	quiero	quieres	quiere	queremos	queréis	quieren
11 recomendar	recomiendo	recomiendas	recomienda	recomendamos	recomendáis	recomiendan
12 sentar(se)	(me) siento	(te) sientas	(se) sienta	(nos) sentamos	(os) sentáis	(se) sientan
13 acostar(se)	(me) acuesto	(te) acuestas	(se) acuesta	(nos) acostamos	(os) acostáis	(se) acuestan
14 contar	cuento	cuentas	cuenta	contamos	contáis	cuentan
15 costar	—	—	cuesta	—	—	cuestan
16 doler	—	—	duele	—	—	duelen
17 dormir	duermo	duermes	duerme	dormimos	dormís	duermen
18 encontrar	encuentro	encuentras	encuentra	encontramos	encontráis	encuentran
19 llover	—	—	llueve	—	—	—
20 morir	—	—	muere	—	—	mueren
21 oler	huelo	hueles	huele	olemos	oléis	huelen
22 poder	puedo	puedes	puede	podemos	podéis	pueden
23 probar	pruebo	pruebas	prueba	probamos	probáis	prueban
24 recordar	recuerdo	recuerdas	recuerda	recordamos	recordáis	recuerdan
25 volar	vuelo	vuelas	vuela	volamos	voláis	vuelan
26 volver	vuelvo	vuelves	vuelve	volvemos	volvéis	vuelven
27 jugar	juego	juegas	juega	jugamos	jugáis	juegan
28 decir	digo	dices	dice	decimos	decís	dicen
29 medir	mido	mides	mide	medimos	medís	miden
30 pedir	pido	pides	pide	pedimos	pedís	piden
31 repetir	repito	repites	repite	repetimos	repetís	repiten
32 seguir	sigo	sigues	sigue	seguimos	seguís	siguen
33 servir	sirvo	sirves	sirve	servimos	servís	sirven
34 vestir(se)	(me) visto	(te) vistes	(se) viste	(nos) vestimos	(os) vestís	(se) visten
35 conducir	conduzco	conduces	conduce	conducimos	conducís	conducen
36 conocer	conozco	conoces	conoce	conocemos	conocéis	conocen
37 nacer	nazco	naces	nace	nacemos	nacéis	nacen
38 parecer(se)	(me) parezco	(te) pareces	(se) parece	(nos) parecemos	(os) parecéis	(se) parecen
39 poner	pongo	pones	pone	ponemos	ponéis	ponen
40 tener	tengo	tienes	tiene	tenemos	tenéis	tienen
41 venir	vengo	vienes	viene	venimos	venís	vienen
42 dar	doy	das	da	damos	dais	dan
43 estar	estoy	estás	está	estamos	estáis	están
44 ir(se)	(me) voy	(te) vas	(se) va	(nos) vamos	(os) váis	(se) van
45 caber	quepo	cabes	cabe	cabemos	cabéis	caben
46 haber	he	has	ha/hay	hemos	habéis	han

El Rincón de la Gramática

INDICATIVO PRESENTE

Verbos	yo	tú	él, ella, usted	nosotros, -as	vosotros, -as	ellos, -as, ustedes
47 hacer	hago	haces	hace	hacemos	hacéis	hacen
48 oír	oigo	oyes	oye	oímos	oís	oyen
49 saber	sé	sabes	sabe	sabemos	sabéis	saben
50 salir	salgo	sales	sale	salimos	salís	salen
51 ser	soy	eres	es	somos	sois	son
52 traer	traigo	traes	trae	traemos	traéis	traen
53 ver	veo	ves	ve	vemos	véis	ven

INDICATIVO IMPERFECTO

Verbos	yo	tú	él, ella, usted	nosotros,-as	vosotros,-as	ellos, -as, ustedes
44 ir(se)	(me) iba	(te) ibas	(se) iba	(nos) íbamos	(os) ibais	(se) iban
51 ser	era	eras	era	éramos	erais	eran
53 ver	veía	veías	veía	veíamos	veíais	veían

INDICATIVO INDEFINIDO

Verbos	yo	tú	él, ella, usted	nosotros,-as	vosotros,-as	ellos, -as, ustedes
54 andar	anduve	anduviste	anduvo	anduvimos	anduvisteis	anduvieron
45 caber	cupe	cupiste	cupo	cupimos	cupisteís	cupieron
35 conducir	conduje	condujiste	condujo	condujimos	condujisteis	condujeron
43 estar	estuve	estuviste	estuvo	estuvimos	estuvisteis	estuvieron
46 haber	—	—	hubo	—	—	—
22 poder	pude	pudiste	pudo	pudimos	pudisteis	pudieron
49 saber	supe	supiste	supo	supimos	supisteis	supieron
40 tener	tuve	tuviste	tuvo	tuvimos	tuvisteis	tuvieron
28 decir	dije	dijiste	dijo	dijimos	dijisteis	dijeron
47 hacer	hice	hiciste	hizo	hicimos	hicisteis	hicieron
10 querer	quise	quisiste	quiso	quisimos	quisisteis	quisieron
41 venir	vine	viniste	vino	vinimos	vinisteis	vinieron
52 traer	traje	trajiste	trajo	trajimos	trajisteis	trajeron
55 creer	creí	creíste	creyó	creímos	creísteis	creyeron
56 leer	leí	leíste	leyó	leímos	leísteis	leyeron
48 oír	oí	oíste	oyó	oímos	oísteis	oyeron
3 divertir(se)	(me) divertí	(te) divertiste	(se) divirtió	(nos) divertimos	(os) divertisteis	(se) divirtieron
29 medir	medí	mediste	midió	medimos	medisteis	midieron
30 pedir	pedí	pediste	pidió	pedimos	pedisteis	pidieron
9 preferir	preferí	preferiste	prefirió	preferimos	preferisteis	prefirieron
31 repetir	repetí	repetiste	repitió	repetimos	repetisteis	repitieron
32 seguir	seguí	seguiste	siguió	seguimos	seguisteis	siguieron
33 servir	serví	serviste	sirvió	servimos	servisteis	sirvieron
34 vestir(se)	(me) vestí	(te) vestiste	(se) vistió	(nos) vestimos	(os) vestisteis	(se) vistieron
17 dormir	dormí	dormiste	durmió	dormimos	dormisteis	durmieron
20 morir	—	—	murió	—	—	murieron
44 ir(se)	(me) fui	(te) fuiste	(se) fue	(nos) fuimos	(os) fuisteis	(se) fueron
51 ser	fui	fuiste	fue	fuimos	fuisteis	fueron
42 dar	di	diste	dio	dimos	disteis	dieron

El Rincón de la Gramática

INDICATIVO FUTURO						
Verbos	**yo**	**tú**	**él, ella, usted**	**nosotros, -as**	**vosotros, -as**	**ellos, -as, ustedes**
45 caber	cabré	cabrás	cabrá	cabremos	cabréis	cabrán
46 haber	habré	habrás	habrá/habrá	habremos	habréis	habrán
22 poder	podré	podrás	podrá	podremos	podréis	podrán
49 saber	sabré	sabrás	sabrá	sabremos	sabréis	sabrán
39 poner	pondré	pondrás	pondrá	pondremos	pondréis	pondrán
50 salir	saldré	saldrás	saldrá	saldremos	saldréis	saldrán
40 tener	tendré	tendrás	tendrá	tendremos	tendréis	tendrán
41 venir	vendré	vendrás	vendrá	vendremos	vendréis	vendrán
47 hacer	haré	harás	hará	haremos	haréis	harán
28 decir	diré	dirás	dirá	diremos	diréis	dirán
10 querer	querré	querrás	querrá	querremos	querréis	querrán

SUBJUNTIVO PRESENTE						
Verbos	**yo**	**tú**	**él, ella, usted**	**nosotros, -as**	**vosotros, -as**	**ellos, -as, ustedes**
1 cerrar	cierre	cierres	cierre	cerremos	cerréis	cierren
2 despertar(se)	(me) despierte	(te) despiertes	(se) despierte	(nos) despertemos	(os) despertéis	(se) despierten
3 divertir(se)	(me) divierta	(te) diviertas	(se) divierta	(nos) divirtamos	(os) divirtáis	(se) diviertan
4 empezar	empiece	empieces	empiece	empecemos	empecéis	empiecen
5 encender	encienda	enciendas	encienda	encendamos	encendáis	enciendan
6 entender	entienda	entiendas	entienda	entendamos	entendáis	entiendan
7 nevar	—	—	nieve	—	—	—
8 perder	pierda	pierdas	pierda	perdamos	perdáis	pierdan
9 preferir	prefiera	prefieras	prefiera	prefiramos	prefiráis	prefieran
10 querer	quiera	quieras	quiera	queramos	queráis	quieran
11 recomendar	recomiende	recomiendes	recomiende	recomendemos	reconmendéis	recomienden
12 sentar(se)	(me) siente	(te) sientes	(se) siente	(nos) sentemos	(os) sentéis	(se) sienten
13 acostar(se)	(me) acueste	(te) acuestes	(se) acueste	(nos) acostemos	(os) acostéis	(se) acuesten
14 contar	cuente	cuentes	cuente	contemos	contéis	cuenten
15 costar	—	—	cueste	—	—	cuesten
16 doler	—	—	duela	—	—	duelan
17 dormir	duerma	duermas	duerma	durmamos	durmáis	duerman
18 encontrar	encuentre	encuentres	encuentre	encontremos	encontréis	encuentren
19 llover	—	—	llueva	—	—	—
20 morir	—	—	muera	—	—	mueran
21 oler	huela	huelas	huela	olamos	oláis	huelan
22 poder	pueda	puedas	pueda	podamos	podáis	puedan
23 probar	pruebe	pruebes	pruebe	probemos	probéis	prueben
24 recordar	recuerde	recuerdes	recuerde	recordemos	recordéis	recuerden
25 volar	vuele	vueles	vuele	volemos	voléis	vuelen
26 volver	vuelva	vuelvas	vuelva	volvamos	volváis	vuelvan
27 jugar	juegue	juegues	juegue	juguemos	juguéis	jueguen
28 decir	diga	digas	diga	digamos	digáis	digan
29 medir	mida	midas	mida	midamos	midáis	midan
30 pedir	pida	pidas	pida	pidamos	pidáis	pidan
31 repetir	repita	repitas	repita	repitamos	repitáis	repitan
32 seguir	siga	sigas	siga	sigamos	sigáis	sigan
33 servir	sirva	sirvas	sirva	sirvamos	sirváis	sirvan
34 vestir(se)	(me) vista	(te) vistas	(se) vista	(nos) vistamos	(os) vistáis	(se) vistan

El Rincón de la Gramática

SUBJUNTIVO PRESENTE						
Verbos	yo	tú	él, ella, usted	nosotros, -as	vosotros, -as	ellos, -as, ustedes
35 conducir	conduzca	conduzcas	conduzca	conduzcamos	conduzcáis	conduzcan
36 conocer	conozca	conozcas	conozca	conozcamos	conozcáis	conozcan
37 nacer	—	—	nazca	—	—	nazcan
38 parecer(se)	(me) parezca	(te) parezcas	(se) parezca	(nos) parezcamos	(os) parezcáis	(se) parezcan
39 poner	ponga	pongas	ponga	pongamos	pongáis	pongan
40 tener	tenga	tengas	tenga	tengamos	tengáis	tengan
41 venir	venga	vengas	venga	vengamos	vengáis	vengan
42 dar	dé	des	dé	demos	deis	den
43 estar	esté	estés	esté	estemos	estéis	estén
45 caber	quepa	quepas	quepa	quepamos	quepáis	quepan
49 saber	sepa	sepas	sepa	sepamos	sepáis	sepan
51 ser	sea	seas	sea	seamos	seáis	sean
53 ver	vea	veas	vea	veamos	veáis	vean
44 ir(se)	(me) vaya	(te) vayas	(te) vaya	(nos) vayamos	(os) vayáis	(se) vayan
46 haber	—	—	haya	—	—	—
47 hacer	haga	hagas	haga	hagamos	hagáis	hagan
48 oír	oiga	oigas	oiga	oigamos	oigáis	oigan
50 salir	salga	salgas	salga	salgamos	salgáis	salgan
52 traer	traiga	traigas	traiga	traigamos	traigáis	traigan

IMPERATIVO (no figuran las formas negativas de usted/ustedes por ser las mismas que las afirmativas)						
Verbos	Formas afirmativas				Formas negativas	
	tú	usted	vosotros, -as	ustedes	tú	vosotros, -as
1 cerrar	cierra	cierre	cerrad	cierren	no cierres	no cerréis
2 despertar(se)	despierta (despiértate)	despierte (despiértese)	despertad (despertaos)	despierten (despiértense)	no (te) despiertes	no (os) despertéis
3 divertir(se)	divierte (diviértete)	divierta (diviértase)	divertid (divertíos)	diviertan (diviértanse)	no (te) diviertas	no (os) divirtáis
4 empezar	empieza	empiece	empezad	empiecen	no empieces	no empecéis
5 encender	enciende	encienda	encended	enciendan	no enciendas	no encendáis
6 entender	entiende	entienda	entended	entiendan	no entiendas	no entendáis
8 perder	pierde	pierda	perded	pierdan	no pierdas	no perdáis
11 recomendar	recomienda	recomiende	recomendad	recomienden	no recomiendes	no recomendéis
12 sentar(se)	sienta (siéntate)	siente (siéntese)	sentad (sentaos)	sienten (siéntense)	no (te) sientes	no (os) sentéis
13 acostar(se)	acuesta (acuéstate)	acueste (acuéstese)	acostad (acostaos)	acuesten (acuéstense)	no (te) acuestes	no (os) acostéis
14 contar	cuenta	cuente	contad	cuenten	no cuentes	no contéis
17 dormir	duerme	duerma	dormid	duerman	no duermas	no durmáis
18 encontrar	encuentra	encuentre	encontrad	encuentren	no encuentres	no encontréis
21 oler	huele	huela	oled	huelan	no huelas	no oláis
23 probar	prueba	pruebe	probad	prueben	no pruebes	no probéis
24 recordar	recuerda	recuerde	recordad	recuerden	no recuerdes	no recordéis
25 volar	vuela	vuele	volad	vuelen	no vueles	no voléis
26 volver	vuelve	vuelva	volved	vuelvan	no vuelvas	no volváis
27 jugar	juega	juegue	jugad	jueguen	no juegues	no juguéis

El Rincón de la Gramática

Verbos	IMPERATIVO (no figuran las formas negativas de usted/ustedes por ser las mismas que las afirmativas)					
	Formas afirmativas				Formas negativas	
	tú	usted	vosotros, -as	ustedes	tú	vosotros, -as
28 decir	di	diga	decid	digan	no digas	no digáis
29 medir	mide	mida	medid	midan	no midas	no midáis
30 pedir	pide	pida	pedid	pidan	no pidas	no pidáis
31 repetir	repite	repita	repetid	repitan	no repitas	no repitáis
32 seguir	sigue	siga	seguid	sigan	no sigas	no sigáis
33 servir	sirve	sirva	servid	sirvan	no sirvas	no sirváis
34 vestir(se)	viste (vístete)	vista (vístase)	vestid (vestíos)	vistan (vístanse)	no (te) vistas	no (os) vistáis
35 conducir	conduce	conduzca	conducid	conduzcan	no conduzcas	no conduzcáis
39 poner	pon	ponga	poned	pongan	no pongas	no pongáis
40 tener	ten	tenga	tened	tengan	no tengas	no tengáis
41 venir	ven	venga	venid	vengan	no vengas	no vengáis
51 ser	sé	sea	sed	sean	no seas	no seáis
53 ver	ve	vea	ved	vean	no veas	no veáis
47 hacer	haz	haga	haced	hagan	no hagas	no hagáis
48 oír	oye	oiga	oid	oigan	no oigas	no oigáis
50 salir	sal	salga	salid	salgan	no salgas	no salgáis
52 traer	trae	traiga	traed	traigan	no traigas	no traigáis
42 dar	da	dé	dad	den	no des	no deis
44 ir(se)	ve (vete)	vaya (váyase)	id (idos)	vayan (váyanse)	no (te) vayas	no (os) vayáis

GERUNDIO	
Verbos	
3 divertir(se)	divirtiendo (divirtiéndose)
9 preferir	prefiriendo
17 dormir	durmiendo
20 morir	muriendo
22 poder	pudiendo
28 decir	diciendo
29 medir	midiendo
30 pedir	pidiendo
31 repetir	repitiendo
32 seguir	siguiendo
33 servir	sirviendo
34 vestir(se)	vistiendo (vistiéndose)
41 venir	viniendo
44 ir(se)	yendo (yéndose)
48 oír	oyendo
55 creer	creyendo
56 leer	leyendo
52 traer	trayendo

PARTICIPIO	
Verbos	
57 abrir	**abierto**
28 decir	**dicho**
58 escribir	**escrito**
47 hacer	**hecho**
20 morir	**muerto**
39 poner	**puesto**
59 romper	**roto**
53 ver	**visto**
26 volver	**vuelto**

Lista completa de formas irregulares

Se incluyen también aquellas formas que, sin ser estrictamente irregulares, presentan alguna peculiaridad o pueden ser difíciles de identificar.

abierto : verbo **abrir**	hag-: verbo **hacer**	sal: verbo **salir**
acuest-: verbo **acostar**	ha: verbo **haber**	saldr-: verbo **salir**
anduv-: verbo **andar**	habrá: verbo **haber**	salg-: verbo **salir**
apagu-: verbo **apagar**	han: verbo **haber**	saqu-: verbo **sacar**
aparqu-: verbo **aparcar**	har-: verbo **hacer**	sé: verbo **saber** y verbo **ser**
busqu-: verbo **buscar**	has: verbo **haber**	sea: verbo **ser**
cabr-: verbo **caber**	hay: verbo **haber**	sea-: verbo **ser**
cierr-: verbo **cerrar**	haya: verbo **haber**	sep-: verbo **saber**
coj-: verbo **coger**	haz: verbo **hacer**	sient-: verbo **sentir**
conduj-: verbo **conducir**	he: verbo **haber**	sig-: verbo **seguir**
conduzc-: verbo **conducir**	hecho: verbo **hacer**	sigu-: verbo **seguir**
conozc-: verbo **conocer**	hemos: verbo **haber**	sirv-: verbo **servir**
crey-: verbo **creer**	hic-: verbo **hacer**	sois: verbo **ser**
cruc-: verbo **cruzar**	hizo: verbo **hacer**	somos: verbo **ser**
cuent-: verbo **contar**	hubo: verbo **haber**	son: verbo **ser**
cuest-: verbo **costar**	huel-: verbo **oler**	soy: verbo **ser**
cup-: verbo **caber**	ib-: verbo **ir**	sup-: verbo **saber**
dé: verbo **dar**	id: verbo **ir**	ten: verbo **tener**
de-: verbo **dar**	juegu-: verbo **jugar**	tendr-: verbo **tener**
despiert-: **despertar**	jug-: verbo **jugar**	teng-: verbo **tener**
di: verbo **decir** y verbo **dar**	ley-: verbo **leer**	tien-: verbo **tener**
di-: verbo **dar**	llegu-: verbo **llegar**	toqu-: verbo **tocar**
dic-: **decir**	lluev-: verbo **llover**	traig-: verbo **traer**
dicho: verbo **decir**	mid-: verbo **medir**	traj-: verbo **traer**
die-: verbo **dar**	muer-: verbo **morir**	trayendo: verbo **traer**
dig-: verbo **decir**	muerto: verbo **morir**	tuv-: verbo **tener**
dij-: verbo **decir**	mur-: verbo **morir**	va: verbo **ir**
dir-: verbo **decir**	nazc-: verbo **nacer**	va-: verbo **ir**
diviert-: verbo **divertir**	niev-: verbo **nevar**	vay-: verbo **ir**
divirt-: verbo **divertir**	oig-: verbo **oír**	vea: verbo **ver**
doy: verbo **dar**	oy-: verbo **oír**	vea-: verbo **ver**
duel-: verbo **doler**	pagu-: verbo **pagar**	veía: verbo **ver**
duerm-: verbo **dormir**	parezc-: verbo **parecer**	veía-: verbo **ver**
durm-: verbo **dormir**	pid-: verbo **pedir**	ve(te): verbo **ir(se)**
empecé: verbo **empezar**	pierd-: verbo **perder**	ven: verbo **venir**
empiec-: verbo **empezar**	podr-: verbo **poder**	vendr-: verbo **venir**
empiez-: verbo **empezar**	pon: verbo **poner**	veng-: verbo **venir**
enciend-: verbo **encender**	pondr-: verbo **poner**	veo: verbo **ver**
encuentr-: verbo **encontrar**	pong-: verbo **poner**	vete: verbo **irse**
entiend-: verbo **entender**	prefier-: verbo **preferir**	vi: verbo **ver**
era: verbo **ser**	prefir-: verbo **preferir**	vi-: verbo **ver**
era-: verbo **ser**	prueb-: verbo **probar**	vien-: verbo **ver**
eres: verbo **ser**	pud-: verbo **poder**	vin-: verbo **venir**
es: verbo **ser**	pued-: verbo **poder**	vist-: verbo **vestir(se)**
escrito: verbo **escribir**	puesto: verbo **poner**	visto: verbo **ver**
está(te): verbo **estar**	pus-: verbo **poner**	voy: verbo **ir**
estáis: verbo **estar**	quep-: verbo **caber**	vuel-: verbo **volar**
están: verbo **estar**	querr-: verbo **querer**	vuelv-: verbo **volver**
estás: verbo **estar**	quier-: verbo **querer**	vuelto: verbo **volver**
esté: verbo **estar**	quis-: verbo **querer**	yendo: verbo **ir**
estén: verbo **estar**	recomiend-: verbo **recomendar**	
estés: verbo **estar**	recuerd-: verbo **recordar**	
estoy: verbo **estar**	repit-: verbo **repetir**	
estuv-: verbo **estar**	roto: verbo **romper**	
fu-: verbo **ir** y verbo **ser**	sabr-: verbo **saber**	

UNIDAD 14. Usted sí puede pasar. REPASO 1

Módulo II. Presentación; Ejercicio 3; Módulo III. Presentación; Módulo IV. Presentación. (Texto en la unidad.)

Ejercicio 8. Escuche y complete.

— ¿Algo que declarar, señora?
— No, no, nada.
— ¿Esa maleta es suya?
— ¿Ésta? Sí, sí, es mía.
— Ábrala, por favor.
— No hay nada. Sólo ropa y algunos regalos.
— ¿Ese paquete es un regalo?
— Sí, sí, una radio pequeña para mi marido. Mire. Y esto es un reloj, y en esa caja hay colonia. ¿La abro?
— No, no. Está bien. Puede pasar.
— ¡Un momento, por favor, señora!
— Dígame.
— Tiene usted un abrigo muy bonito. Pero es un poco caro, ¿no? Venga conmigo, por favor.

UNIDAD 15. ¿Qué tal es tu amigo?

Ejercicio 2. Conteste.

¿Qué pastelería me recomienda? ¿Y qué peluquería, por favor? ¿Qué carnicería me aconseja? ¿Y qué pescadería?

Ejercicio 4. Actúe.

1. No, no, lo siento. En las librerías.
2. Aquí no. Lo siento mucho. En la tienda de enfrente.
3. No, no. En los quioscos.

Ejercicio 6. Escuche y complete.

— Oye, Pepe, ¿dónde venden tablas de surfing?
— ¿Tablas de surfing?
— Sí, sí, tablas de surfing. ¿Dónde las venden?
— Pues en una tienda de la calle Mayor. Y...
— ¿Cómo se llama?
— No sé. Está enfrente de un bar.
— Ah, sí, ya sé. Voy a comprar una.
— ¿Cómo? ¡Antonio!
— Sube, sube tú, hijo. Tú eres más...
— ¿Le atienden ya?
— No, no. Quiero una... Bueno esta señora...
— No, no, hijo. Pide, pide tú. Yo estoy mirando.
— Quería una tabla de surfing. ¿Cuánto cuesta ésa?
— Un momento. Ésta... 50.000 pesetas. Pero las tenemos más baratas. Mire, aquélla roja cuesta 40.000.
— Sí. ¿Y qué tal es?
— Muy buena también. Son las dos muy buenas. Pase por aquí, por favor.
— Adiós. Muchas gracias. Hasta pronto.
— Sí, ¿quién es?
— ¿Me ayudas a subir la tabla?
— ¿Cómo? Voy enseguida.

UNIDAD 16. Así se compra un árbol

Ejercicio 1. Conteste.

¿Cómo se hace una tortilla española? ¿Cómo se enciende un cigarro? ¿Cómo se abre esta puerta? ¿Cómo se corta la carne?

Ejercicio 2. Escuche y complete.

Cocina española: Hoy vamos a hacer una tortilla de patatas. Necesitamos huevos, patatas, aceite, cebolla y sal. ¿Cómo se hace una tortilla? Primero se pelan las patatas y se cortan en trozos pequeños; se ponen en el aceite y se fríen. Luego, se corta la cebolla también en trozos pequeños; éstos se ponen en el aceite con las patatas. Después se saca todo de la sartén y se pone en un plato. En otro plato se baten los huevos y se les añade un poco de sal. En este mismo plato se ponen las patatas fritas y la cebolla también frita. Luego, todo esto se pone en otra sartén con un poquito de aceite y se fríe a fuego lento.

Ejercicio 6. Escuche. (Texto en la unidad.)

UNIDAD 17. ¿Qué tal el viaje?

Ejercicio 1. Escuche.

1. — ¡Hola, Juan!
   — ¿Qué tal, María?
   — Muy bien. ¿Qué tal el examen?
   — Regular.
2. — ¿De dónde vienes?
   — De Madrid.
   — ¿Y qué tal el viaje?
   — Muy bien. Es un tren estupendo.
3. — Buenos días, Manolo.
   — Hola, Carlos. ¿Qué tal las vacaciones?
   — Muy mal.

Ejercicio 5. Marque.

¡Hola! ¿Qué tal? Me llamo Marta. Tengo veinticinco años y soy abogada. Normalmente, me levanto pronto, me ducho, desayuno y voy a la oficina. Trabajo por la mañana. Después, vuelvo a casa y como con mis padres y mi hermana. Por la tarde estudio y, después, salgo con mis amigos. Ceno tarde. Después, veo la televisión y me acuesto tarde. Y duermo, claro.

Ejercicio 7. Conteste.

¿Tomamos una copa? ¿Por qué no bailamos? ¿Hacemos una paella? ¿Por qué no vamos al campo? ¿Salimos?

UNIDAD 18. ¿Han visto a David?

Ejercicio 6. Marque.

Soy la profesora de su hijo. Somos de Libros España. Somos de Iberia. Soy el cartero.

UNIDAD 19. ¿Cómo es el niño?

Ejercicio 1. Escuche.

— Muy bien. ¿Quiénes son?
— Una mujer y dos hombres. Van con un policía. La mujer se llama Carmen y los hombres, Juan y Enrique.
— Sí, sí... Pero, ¿cómo son? ¿Qué llevan puesto?
— Bueno... Carmen no es muy alta. Tiene el pelo castaño. Lleva una camiseta rosa, unos pantalones vaqueros azules y un bolso marrón grande.
— ¿Y los otros, por favor?
— Pues... Enrique también es bajo. Es moreno, calvo. Tiene los ojos pequeños y tiene barba. Lleva una camisa azul.
— ¿De manga corta?
— No, no, de manga larga. ¡Ah! Y lleva también un pañuelo rosa al cuello.
— ¿Y el otro?
— Juan es más joven, pero tiene poco pelo. Tiene gafas, no tiene barba, y lleva una camiseta marrón y un pantalón de color beis.
— Vale, muy bien.
— Muchas gracias.

Ejercicio 5. Escuche.

— ¿Y cómo es?
— Es una casa muy, muy bonita.
— ¿Y qué tiene? ¿Tiene muebles?
— Sí, sí. Tiene de todo. ¡Es una casa! Tiene su cocina, y en la cocina tiene... pues... la cocina, la lavadora, una mesa, cuatro sillas... Tiene también cuarto de baño. Y el cuarto de baño tiene bañera, lavabo... En el salón hay una mesa baja y otra alta, con seis sillas y un televisor. Tiene dos habitaciones con sus armarios, sus camas... Y las camas tienen de todo: sábanas, manta, almohada...
— ¿Y cuánto cuesta?
— Es... barata.
— ¿Sí? ¿Cuánto?
— Barata.

Ejercicio 6. Conteste.

¿Cuánto pesa el Mercedes 190? ¿Y el Mercedes 300 E? ¿Cuánto pesa? ¿Cuánto pesa el Seat Ibiza? ¿Y cuánto cuesta? ¿Cuánto pesa el Toyota? ¿Y qué precio tiene el Opel Corsa?

Ejercicio 8. Escuche.

— ¿Cómo es la niña?
— Muy bonita, mamá. Ha pesado tres kilos y medio. Y mide 49 centímetros.
— ¿Y a quién se parece?
— A su madre... Y a ti. Tiene la cabeza muy redondita; la nariz, pequeña, pequeña, y ...
— ¿Y los ojos? ¿Cómo tiene los ojos?
— Todavía no los ha abierto.
— Azules, como su madre, ¿verdad?
— No los ha abierto todavía, mamá.
— ¿Puedo verla? ¿Puedo entrar en el hospital?
— Hoy ya no. Mañana, mamá.

UNIDAD 20. Me duele todo

Ejercicio 3. Actúe.

— Usted dirá.
— Soy Eduardo García. Quería ver al señor director.
— ¿Puede esperar un momento, por favor?
— Sí, gracias.
— Pase usted, señor García.
— Perdón por el retraso.
— Nada, nada. No se preocupe.
— Es para usted.
— Ah, sí. Gracias.

Ejercicio 4. Escuche y complete.

— Quería ver al doctor Suárez.
— Sí. Pase. Por aquí.
— Buenas tardes. Siéntese, por favor. Usted dirá.
— Hola, buenas tardes. He tenido un pequeño accidente y me duele mucho el brazo.
— Vamos a ver. ¿Dónde le duele exactamente?
— Aquí. Aquí, en el brazo izquierdo. Y también aquí, en la espalda.
— De acuerdo. ¿Puede quitarse la chaqueta?
— ¿La chaqueta?
— Sí. Quítese la chaqueta, por favor.
— Doctor, al teléfono.
— ¿Cómo?
— Que lo llaman por teléfono.
— Ah, sí. Gracias.

UNIDAD 21. Aquí nací yo

Ejercicio 1. Escuche.

— ¿Qué tal el domingo, Marta?
— ¿Ayer? Muy bien. Me levanté pronto, desayuné y fui con unas amigas al campo, en mi coche. Comimos allí; después, por la tarde, visitamos un pueblo muy bonito. Y por la noche, volvimos a Madrid.

Ejercicio 4. Escuche.

1. — Hola, Antonio. — Hola, Pilar. ¿Qué tal está tu madre? — Muy bien, gracias. — Estupendo.
2. — ¿Qué tal estás, Andrés? — Así, así. Me duele la cabeza. — Vaya. Lo siento, hombre.
3. — ¡Atchís! — ¿Qué tal estás, Ana? — Muy mal. Tengo catarro, ¿no lo ves? — Sí, sí. ¿Por qué no te quedas en la cama?

Ejercicio 6. Escuche.

— Por favor, ¿el Banco de España?
— Mire... Siga todo recto y coja la segunda calle a la izquierda. Después, coja la primera a la derecha y cruce la plaza. El Banco de España está allí, en la plaza.

Ejercicio 9. Conteste.

¡Qué alta es esa chica! ¡Qué caros son los coches! ¡Qué grande es esta playa! ¡Qué gordo es Ricardo! ¡Qué delgada es Emilia! ¡Qué barato es el vino! ¡Qué guapo es Carlos!

UNIDAD 22. En invierno

Ejercicio 2. Escuche.

Los españoles hacen tres comidas principales: el desayuno, a las ocho o las nueve de la mañana, la comida, entre las dos y las tres de la tarde, y la cena, a las nueve y media o las diez de la noche. Es frecuente tomar, además, un café a las once de la mañana, y algunas personas —sobre todo los niños— toman un bocadillo por la tarde.

UNIDAD 23. Que vienen los primos

Ejercicio 1. Escuche.

Espere un momento, que está hablando por teléfono. Cuidado con el perro, que es muy grande. Pásame la sal, que aquí no hay. En este bar no entramos, que la cerveza es muy mala. Ve más despacio, que hay mucho tráfico. No vayas a ver esa película, que la he visto yo y es muy mala.

Ejercicio 4. Actúe. (Texto en la unidad.)

UNIDAD 24. Me gusta Sevilla

Ejercicio 2. Conteste.

¿Le gusta el jamón? ¿Le gusta el pollo asado? ¿Le gustan las patatas fritas? ¿Y los filetes de ternera, le gustan? ¿Y la tortilla? ¿Le gusta la ensalada? ¿Le gusta el arroz? ¿Le gustan los zumos?

Ejercicio 3. Escuche.

— Bueno, ¿qué? ¿Os gustan los vestidos? — El negro es precioso, ¿verdad, Juan? — Es muy bonito, sí. Y la modelo es... una maravilla. — Sí, una cara preciosa, ¿verdad? — A mí no me gusta. Demasiado delgada. — ¿Y esos zapatos? No, no, no. No me gustan nada.

UNIDAD 25. ¿Cuál quiere?

Ejercicio 1. Escuche.

Juan ha ido esta tarde a una fiesta, a la fiesta de cumpleaños de Carmen. Se ha puesto la corbata que Carmen le regaló el mes pasado, ha cogido el autobús que va al centro y ha comprado un regalo: las flores que Carmen prefiere, una docena de rosas. Rosas rojas, claro. Ha sido una fiesta divertidísima.

UNIDAD 26. Bailábamos, bailábamos, bailábamos

Ejercicio 5. Escuche.

El reloj es para David. El paquete redondo es para Rosi. Hay una cosa que sirve para hacer deporte. Es para Juan. El paquete del papel de flores es para Luis. La falda corta es para Carmen. ¿Le gustan los animales? El perro blanco, el que tiene el pelo largo es para usted. El perro negro no es para nadie.

UNIDAD 27. Juan ha encontrado casa. REPASO 2

Módulo I. Presentación; Módulo II. Presentación.
(Texto en la unidad.)

UNIDAD 28. Ésta es más bonita

Ejercicio 7. Marque.

1. — ¿Qué hacemos? — Podemos llamar por teléfono.
2. — ¿Qué hacemos? — Lo mejor es comprar otra cama.
3. — ¿Qué hago? — Llévese ése.
4. — ¿Qué hago? — Puedes ir a casa y ponerte otra ropa.
5. — ¿Qué hacemos? — Lo mejor es esperar.

UNIDAD 29. Era un chico estupendo

Ejercicio 5. Escuche y complete.

Cristóbal Colón nació en Génova, en 1451. Génova era una ciudad importante; allí había muchas familias ricas, pero la de Colón era pobre. Vivió en España y, en 1492, llegó a América. Pero, ¿cómo era Colón? ¿Era bajo o alto? ¿Era moreno, castaño o rubio? ¿Tenía el pelo largo? ¿Y barba? No lo sabe nadie.

UNIDAD 30. Me parece que sí

Ejercicio 5. Escuche. (Texto en la unidad.)

Ejercicio 6. Conteste.

¿Qué tal le queda la chaqueta a Fernando? ¿Y los pantalones a Felipe? ¿Cómo le está el jersey a Paco? ¿Y la falda a Laura? ¿Y qué tal le quedan los zapatos a Teresa? ¿Y a Alberto?

UNIDAD 31. Quiero ir con vosotros

Ejercicio 1. Escuche.

— ¿Qué? ¿Vienes con nosotros al concierto?
— No, gracias. Hoy no voy a salir. Quiero quedarme en casa y trabajar un rato.
— Pues entonces hasta luego.
— Adiós, hasta luego.

Ejercicio 6. Escuche y complete.

1. — Rafael, ¿a ti te gusta cocinar?
   — Sí, sí me gusta. ¿A ti no?
2. — No me gusta viajar en avión.
   — A mí tampoco.
3. — A Carlos no le gusta salir de noche.
   — ¿Y a ti?
   — ¿A mí? Mucho.

UNIDAD 32. Porque no está Juan

Ejercicio 4. Escuche.

Andrés salió ayer de casa y cogió un paraguas porque hacía mal tiempo. En el jardín de su casa quiso abrirlo porque llovía, pero lo tiró al suelo porque no pudo abrirlo. Entró otra vez en casa, cogió el paraguas de su mujer y salió. Pero no lo abrió porque ya no llovía. Luego entró en una cafetería y dejó allí el paraguas porque se le olvidó. A las dos y media salió de su oficina y recordó el paraguas porque llovía otra vez. Fue a la cafetería, pero el paraguas ya no estaba allí. Volvió a su casa y su mujer se enfadó con él porque llegó mojado y sin paraguas.

UNIDAD 33. ¿Nos vemos esta noche?

Ejercicio 3. Escuche.

1. — ¿Le atienden ya?
   — No.
   — ¿Qué desea?
   — Mire, es que no sé dónde es la reunión.
   — ¿Qué reunión?
   — La reunión de médicos.
   — ¡Ah! Es en el primer piso.
2. — Dígame.
   — Por favor, ¿dónde es la boda?
   — En la catedral.
   — ¿Y dónde está la catedral?
   — Al lado de la Plaza Mayor.
   — Muchas gracias.
3. — Oiga, la exposición no es ahí.
   — Ah, perdone. ¿Y dónde es?
   — En el edificio de enfrente.

Ejercicio 6. Escuche. (Texto en la unidad.)

UNIDAD 34. Carmen está triste

Ejercicio 1. Escuche y complete.

— Carmen, ¿qué te pasa? ¿Estás bien? ¿Necesitas algo?
— No, gracias, estoy muy bien.
— ¿Sí?
— ¡Estoy muy bien!
— ¿Ves? Estás enfadada. ¿Estás enfadada conmigo?
— No, no estoy enfadada contigo. Estoy bien, de verdad. ¿Vamos a estar aquí mucho tiempo?
— ¿Por qué me preguntas eso? Estás cansada, Carmen.
— ¡No! No estoy cansada, ni estoy enfadada, ni estoy nerviosa, ¡estoy muy bien! ¿Lo ves? Estoy muy bien.
— Bueno. Yo voy a visitar la catedral. ¿Vienes?
— No. Entra tú. Yo te espero aquí.
— Mira, Carmen, a ti te pasa algo. Estás nerviosa, triste. ¿Qué te pasa?
— No sé. Estoy...

Ejercicio 4. Actúe. (Texto en la unidad.)

Ejercicio 5. Escuche y complete.

1. El abuelo no puede subir porque es ya muy viejecito. Y además hoy ha andado mucho y está muy cansado. 2. Julio quiere meter el paquete en el coche, pero no puede, ¡claro!, porque el paquete es muy grande y no cabe. 3. Pepe es poco fuerte y no puede levantar la maleta. Pero Ana tiene mucha fuerza y le va a ayudar. Y los dos juntos sí pueden levantarla.

UNIDAD 38. Empezó en un tren. REPASO 3 A

Ejercicio 2. Escuche y complete.

— Mira, Luis, éste es Arturo, mi marido.
— Encantado, Arturo. ¿Eh? ¿Qué has dicho? ¿Tu marido?
— Sí, mi marido.
— ¡Te has casado! Perdón, ¿os habéis casado?
— Nos hemos casado. El día cinco.
— ¿El cinco de este mes? ¿Y por qué no me habéis invitado a la boda?
— Porque no hemos invitado a nadie. Sólo han ido a la boda nuestros padres y hermanos. Es casi un secreto.
— Ya veo, ya veo. Pero, bueno, lo primero, ¡enhorabuena! ¿Habéis hecho ya el viaje de novios?
— Sí, hemos estado diez días en Canarias.

Ejercicio 3. Escuche.

Marta y Arturo han alquilado un piso en el centro de la ciudad. Es un piso pequeño y un poco caro, pero bonito. Cerca hay muchas tiendas: un supermercado, una farmacia, una panadería... Está al lado de la Plaza Mayor y tiene un salón, dos habitaciones, un cuarto de baño y la cocina.

Ejercicio 6. Escuche.

— ¿Y cuándo os conocisteis?
— El año pasado. Nos conocimos en vacaciones, en la playa, en Marbella.
— Y entonces...
— No. Estuvimos juntos unos días, pero en septiembre yo volví a Madrid, y él, a Salamanca.
— Pero yo venía todos los fines de semana a Madrid. Y una vez la vi con unos amigos en el Museo del Prado.
— ¿En el Museo del Prado?
— Sí, sí, en el Museo del Prado.
— ¿Y después?
— Pues, después, nos casamos.

Vocabulario

Las palabras presentadas en estas listas aparecen por primera vez en el LIBRO en la unidad donde quedan recogidas. Ciertas palabras pueden haber sido presentadas en el CUADERNO en unidades anteriores pero no se consideran adquiridas hasta su aparición en el LIBRO.

(m.) = masculino   *(v. i.)* = verbo irregular

(f.) = femenino   *(adv.)* = adverbio

(pl.) = plural

UNIDAD 14

bien *(adv.)*	gente *(f.)*	programa *(m.)*
caja *(f.)*	individual *(m. y f.)*	realizador, -a
compartimento *(m.)*	momento *(m.)*	recordar *(v. i.)*
completo, -a	nacionalidad *(f.)*	ropa *(f.)*
conocer *(v. i.)*	norte *(m.)*	vida *(f.)*
copa *(f.)*	oír *(v. i.)*	vídeo *(m.)*
declarar	pila *(f.)*	
dentro *(adv.)*	presentar	

● ●

UNIDAD 15

aconsejar	frutería *(f.)*	revista *(f.)*
amable *(m. y f.)*	hasta pronto	sentir *(v. i.)*
atender *(v. i.)*	librería *(f.)*	supermercado *(m.)*
ayudar	mano *(f.)*	tabaco *(m.)*
cara *(f.)*	panadería *(f.)*	tabla de surfing *(f.)*
carnicería *(f.)*	pastelería *(f.)*	tienda de
carretera *(f.)*	pedir *(v. i.)*	alimentación *(f.)*
Correos [Oficina de]	peluquería *(f.)*	uva *(f.)*
echar	pescadería *(f.)*	vender
enseguida *(adv.)*	quiosco *(m.)*	zapatería *(f.)*
estanco *(m.)*	recomendar *(v. i.)*	

● ●

UNIDAD 16

abajo *(adv.)*	cerrar *(v. i.)*	pelar
allá *(adv.)*	cortar	plato *(m.)*
añadir	dar igual	poquito *(adv.)*
árbol *(m.)*	debajo *(adv.)*	por supuesto
armario *(m.)*	encima *(adv.)*	sacar
arriba *(adv.)*	freír *(v. i.)*	sartén *(f.)*
atrás *(adv.)*	fuera *(adv.)*	servir *(v. i.)*
batir	lavar	silla *(f.)*
caseta *(f.)*	lejos *(adv.)*	tarjeta *(f.)*
cebolla *(f.)*	lento, -a	vale
cerilla *(f.)*	parecer *(v. i.)*	zapatilla *(f.)*

Vocabulario

UNIDAD 17

a veces *(adv.)*
bastante *(adv.)*
calor *(m.)*
campo *(m.)*
cenar
contestar
desayunar
dormir *(v. i.)*
ducharse
estupendo, -a
fiesta *(f.)*

fin de semana *(m.)*
frío *(m.)*
horrible *(m. y f.)*
levantarse
mal *(adv.)*
malo, -a
nevar *(v. i.)*
normal *(m. y f.)*
normalmente *(adv.)*
preguntar
presentación *(f.)*

problema *(m.)*
quedarse
regular *(adv.)*
saludar
siempre *(adv.)*
sol *(m.)*
tenis *(m.)*
tiempo [clima] *(m.)*
trabajar
vacaciones *(f. pl.)*
viento *(m.)*

UNIDAD 18

abrazo *(m.)*
alquilar
barrio *(m.)*
buscar
carrete *(m.)*
cocinar
conducir *(v. i.)*
curriculum vitae *(m.)*
dejar
electricista *(m. y f.)*

eléctrico, -a
empresa *(f.)*
enviar
fútbol *(m.)*
guitarra *(f.)*
identificarse
idioma *(m.)*
importante *(m. y f.)*
informática *(f.)*
instrumento *(m.)*

jefe de ventas *(m. y f.)*
moderno, -a
olvidar
ordenador *(m.)*
parte *(f.)*
perder *(v. i.)*
piano *(m.)*
querido, -a
usar
verdad *(f.)*

UNIDAD 19

aburrido, -a
alegre *(m. y f.)*
almohada *(f.)*
amarillo, -a
antipático, -a
bañera *(f.)*
barba *(f.)*
beis *(m. y f.)*
bigote *(m.)*
blusa *(f.)*
boca *(f.)*
calvo, -a
cama *(f.)*
camiseta *(f.)*
castaño, -a
colchón *(m.)*

color *(m.)*
cómodo, -a
corto, -a
cuadrado, -a
ancho, -a
desagradable *(m. y f.)*
divertido, -a
electrodoméstico *(m.)*
grande *(m. y f.)*
inteligente *(m. y f.)*
joven *(m. y f.)*
largo, -a
lavabo *(m.)*
lavadora *(f.)*
manga *(f.)*
manta *(f.)*

medir *(v. i.)*
mueble *(m.)*
nariz *(f.)*
oreja *(f.)*
pesar
piscina *(f.)*
redondo, -a
sábana *(f.)*
salón *(m.)*
sillón *(m.)*
simpático, -a
tonto, -a
triste *(m. y f.)*
vaquero [ropa] *(m.)*
váter *(m.)*

Vocabulario

UNIDAD 20

accidente *(m.)*
brazo *(m.)*
cuello *(m.)*
dedo *(m.)*
doler *(v. i.)*
espalda *(f.)*

espera *(f.)*
exactamente *(adv.)*
molestia *(f.)*
pie *(m.)*
pierna *(f.)*
quitar

retraso *(m.)*
rodilla *(f.)*

● ●

UNIDAD 21

al final
antes *(adv.)*
catarro *(m.)*
cena *(f.)*
compañero, -a
cruzar
de compras
hablar por teléfono
hambre *(f.)*
museo *(m.)*

música *(f.)*
nacer *(v. i.)*
paseo *(m.)*
prisa *(f.)*
pronto *(adv.)*
quedarse
rato *(m.)*
recto, -a
sed *(f.)*
seguir

solo, -a
sueño *(m.)*
teatro *(m.)*
temprano *(adv.)*

● ●

UNIDAD 22

abril *(m.)*
agosto *(m.)*
comida [almuerzo] *(f.)*
diciembre *(m.)*
empezar *(v. i.)*
enero *(m.)*
esquiar
febrero *(m.)*
invierno *(m.)*

juegos olímpicos
   (m. pl.)
julio *(m.)*
literatura *(f.)*
luna *(f.)*
marzo *(m.)*
mayo *(m.)*
noviembre *(m.)*
octubre *(m.)*

otoño *(m.)*
primavera *(f.)*
próximo, -a
verano *(m.)*

● ●

UNIDAD 23

a pie
andar *(v. i.)*
aproximadamente
   (adv.)
avión *(m.)*
caer *(v. i.)*

costa *(f.)*
darse prisa
engordar
escuela *(f.)*
kilómetro *(m.)*
metro *(m.)*

pagar
tráfico *(m.)*

Vocabulario

UNIDAD 24

ácido, -a	duro, -a	manchego, -a
amargo, -a	encantar	melón *(m.)*
arroz *(m.)*	entrada [comida] *(f.)*	mixto, -a
bañarse	especialidad *(f.)*	picante *(m. y f.)*
blando, -a	flan *(m.)*	rico, -a
caliente *(m. y f.)*	frío, -a	salado, -a
demasiado *(adv.)*	gustar	soso, -a
dulce *(m. y f.)*	jamón ibérico *(m.)*	variado, -a

UNIDAD 25

algodón *(m.)*	mancha *(f.)*	recepción *(f.)*
ascensor *(m.)*	metal *(m.)*	ruso *(m.)*
calzar	oro *(m.)*	seda *(f.)*
comedor *(m.)*	piel *(f.)*	talla *(f.)*
cristal *(m.)*	plástico *(m.)*	tampoco *(adv.)*
funcionar	plata *(f.)*	
lana *(f.)*	ponerse *(v. i.)*	
madera *(f.)*	queso de cabra *(m.)*	

UNIDAD 26

acostarse *(v. i.)*	carta [de correo] *(f.)*	preferir *(v. i.)*
aprender	disco *(m.)*	rueda *(f.)*
aviso *(m.)*	entonces *(adv.)*	
caramelo *(m.)*	lengua [idioma] *(f.)*	

UNIDAD 27

afeitar	gimnasia *(f.)*	por fin
champán *(m.)*	nadar	precioso, -a
después *(adv.)*	pintor, -a	terminar

UNIDAD 28

actor, actriz	igual *(m. y f.)*	raya *(f.)*
bandeja *(f.)*	incómodo, -a	refresco *(m.)*
cariñoso, -a	lámpara *(f.)*	seguro, -a
cocina [mueble] *(f.)*	pájaro *(m.)*	sombrero *(m.)*
dibujo *(m.)*	paraguas *(m.)*	tela *(f.)*
gato *(m.)*	payaso, -a	
gorra *(f.)*	político *(m. y f.)*	

UNIDAD 29

basura *(f.)*
beso *(m.)*
cambiar
muñeca *(f.)*
¡claro!
cloro *(m.)*
creer *(v. i.)*
cubo [de basura] *(m.)*
de verdad
fecha *(f.)*

gas *(m.)*
manzana [de casas] *(f.)*
medicina
    [medicamento] *(f.)*
mercado *(m.)*
ocupar
oler *(v. i.)*
pobre *(m. y f.)*
romper
saber [sabor] *(v. i.)*

sitio *(m.)*
tinta *(f.)*
tomillo *(m.)*

• •

UNIDAD 30

democracia *(f.)*
estrecho, -a
hispano, -a

importar [tener
    importancia]
país *(m.)*

poner [servir] *(v. i.)*
quedar [ropa/calzado]
ración *(f.)*

• •

UNIDAD 31

amar
ataque *(m.)*
borde *(m.)*
comida [alimento] *(f.)*

franco [moneda] *(m.)*
íntimo, -a
mayor [edad] *(m. y f.)*
monitor, -a

nervio
poner [proyectar] *(v. i.)*
proponer *(v. i.)*

• •

UNIDAD 32

acatarrado, -a
aparecer *(v. i.)*
bicicleta *(f.)*
cuadro *(m.)*
diccionario *(m.)*
enfermo, -a
feliz *(m. y f.)*
lugar *(m.)*

palabra *(f.)*
paso de cebra *(m.)*
peatón, -ona
persona *(f.)*
plano *(m.)*
prohibido, -a
regalar
semáforo *(m.)*

stop *(m.)*
toser
tranquilo, -a

• •

UNIDAD 33

concierto *(m.)*
discoteca *(f.)*
edificio *(m.)*
estudiante *(m. y f.)*

exposición *(f.)*
¡felicidades! *(f. pl.)*
llegada *(f.)*
quedar [cita]

reunión *(f.)*
salida *(f.)*
visita *(f.)*

Vocabulario

Unidad 34

afortunadamente
barrer
caber *(v. i.)*
cansado, -a
contento, -a
de pie

desnudo, -a
despierto, -a
echar una mano
enfadado, -a
fuerte *(m. y f.)*
juntos, -as

limpio, -a
nervioso, -a
sano, -a
sucio, -a
suelo *(m.)*

Unidad 35

¡adelante!
amor *(m.)*
desayuno *(m.)*
despertarse *(v. i.)*
difícil *(m. y f.)*
europeo, -a
lluvia *(f.)*

materia *(f.)*
montaña *(f.)*
nota *(f.)*
plomo *(m.)*
principio *(m.)*
producir *(v. i.)*
reciclable *(m. y f.)*

servilleta *(f.)*
típico, -a
tormenta *(f.)*
trabajo *(m.)*

Unidad 36

deber
entrada *(f.)*
esquí *(m.)*
este [punto cardinal]
   (m.)

frontera *(f.)*
isla *(f.)*
mapa *(m.)*
misterioso, -a
nordeste *(m.)*

noroeste *(m.)*
oeste *(m.)*
sur *(m.)*
sureste *(m.)*
suroeste *(m.)*

Unidad 37

adjunto, -a
ala *(f.)*
animal *(m.)*
antiguo, -a
aparato *(m.)*
araña *(f.)*
bandera *(f.)*
bolsa *(f.)*
bolsillo *(m.)*
conocimiento *(m.)*
cubrir
de rayas
de segunda mano
estado [situación] *(m.)*
estatura *(f.)*

experiencia *(f.)*
guante *(m.)*
habitual *(m. y f.)*
hierro *(m.)*
lápiz *(m.)*
marca *(f.)*
mosca *(f.)*
nativo, -a
nómina *(f.)*
paciencia *(f.)*
pata *(f.)*
peluquín *(m.)*
peso *(m.)*
pizarra *(f.)*
propio, -a

rápido, -a
recibir
requisito *(m.)*
residencia *(f.)*
sandía *(f.)*
significar
símbolo *(m.)*
Sociedad Anónima *(f.)*
sofá *(m.)*
título universitario *(m.)*
tiza *(f.)*
total *(m. y f.)*
tresillo *(m.)*
volar

Vocabulario

Unidad 38	a la gallega	¡enhorabuena!	plato [comida] *(m.)*
	cafetería *(f.)*	medicina [ciencia] *(f.)*	secreto *(m.)*
	casi *(adv.)*	piso [vivienda] *(m.)*	viaje de novios *(m.)*

● ●

Unidad 39	ayuda *(f.)*	enseñar [mostrar]	señal *(f.)*
	compra *(f.)*	marcar [teléfono]	
	consejo *(m.)*	policía *(m. y f.)*	